大学生体育教程

主　编　袁润强　刘华琼　王太权
副主编　陈　义
编　者　（按姓氏笔画排序）
王　俊　王太权　刘华琼
刘媛媛　李　爱　陈　义
钟朝吉　袁润强　曹　维
曾钦成

科学出版社
北　京

内　容　简　介

本书共11章,包括体育与身体素质的培养、田径运动、篮球运动、排球运动、足球运动、乒乓球和羽毛球运动、体操运动、武术运动、游泳运动、健美体操与现代交际舞、体育游戏。本书严格遵循科学运动原则并结合大学生身体发展特点编写,内容简明、实用,部分章节设有链接,有助于扩大学生知识面并培养学生学习兴趣。

本书可供在校大学生学习使用,也可作为体育爱好者的参考书。

图书在版编目(CIP)数据

大学生体育教程 / 袁润强,刘华琼,王太权主编.—北京:科学出版社,2020.9

ISBN 978-7-03-065790-9

Ⅰ. 大…　Ⅱ. ①袁…　②刘…　③王…　Ⅲ. 体育-高等学校-教材　Ⅳ. G807.4

中国版本图书馆CIP数据核字(2020)第144499号

责任编辑:池　静 / 责任校对:杨　赛
责任印制:赵　博 / 封面设计:涿州锦晖

科学出版社 出版
北京东黄城根北街16号
邮政编码:100717
http://www.sciencep.com
天津文林印务有限公司 印刷
科学出版社发行　各地新华书店经销
*
2020年9月第　一　版　开本:850×1168　1/16
2021年8月第二次印刷　印张:8 1/4
字数:26 000
定价:39.00元
(如有印装质量问题,我社负责调换)

前　言

为了更好地适应当前我国职业教育教学改革的需要，贯彻落实《国家中长期教育改革和发展规划纲要(2010—2020年)》，全面发挥体育教育的特有职能，推进大学生体育教育建设，从事大学生体育教学工作的一线教师共同编写了本书。

本书以国家教育部颁布的《全国普通高等学校体育课程教学指导纲要》为依据，结合普通高等学校的《学校体育工作条例》和体育课程培养目标编写而成，本书注重内容的科学性、系统性、实用性、趣味性，集教育、健康、娱乐为一体。

本书共11章，包括体育与身体素质的培养、田径运动、篮球运动、排球运动、足球运动、乒乓球和羽毛球运动、体操运动、武术运动、游泳运动、健美体操与现代交际舞、体育游戏。本书严格遵循科学运动原则并结合大学生身体发展特点编写，内容简明、实用，部分章节设有链接，有助于扩大学生知识面并培养学生学习兴趣。

在本教材编写过程中得到了多位同仁的帮助，在此表示诚挚谢意！由于编者水平有限，书中若存在疏漏之处，敬请广大师生和体育爱好者提出宝贵意见。

编　者

2020年5月

目　　录

第一章　体育与身体素质的培养 …………………………………………………… (1)
第一节　概述 ………………………………………………………………… (1)
第二节　体育竞赛的意义、种类、组织与编排 ……………………………… (3)
第三节　大型运动会简介 …………………………………………………… (7)
第四节　提高身体素质的方法 ……………………………………………… (8)
第二章　田径运动 …………………………………………………………… (16)
第一节　概述 ………………………………………………………………… (16)
第二节　田径运动项目 ……………………………………………………… (17)
第三章　篮球运动 …………………………………………………………… (19)
第一节　篮球基本技术与练习方法 ………………………………………… (19)
第二节　篮球基本战术 ……………………………………………………… (24)
第三节　篮球比赛规则 ……………………………………………………… (25)
第四章　排球运动 …………………………………………………………… (29)
第一节　排球基本技术与练习方法 ………………………………………… (29)
第二节　排球基本战术 ……………………………………………………… (33)
第三节　排球比赛规则 ……………………………………………………… (34)
第五章　足球运动 …………………………………………………………… (36)
第一节　足球基本技术与练习方法 ………………………………………… (36)
第二节　足球基本战术 ……………………………………………………… (40)
第三节　足球比赛规则 ……………………………………………………… (41)
第六章　乒乓球和羽毛球运动 ……………………………………………… (43)
第一节　概述 ………………………………………………………………… (43)
第二节　基本技术与练习方法 ……………………………………………… (43)
第三节　乒乓球和羽毛球运动比赛规则 …………………………………… (54)
第七章　体操运动 …………………………………………………………… (56)
第一节　竞技体操 …………………………………………………………… (56)
第二节　艺术体操 …………………………………………………………… (57)
第八章　武术运动 …………………………………………………………… (61)
第一节　概述 ………………………………………………………………… (61)
第二节　武术基本功和基本动作 …………………………………………… (62)
第三节　健身气功 …………………………………………………………… (65)

第九章　游泳运动 ………………………………………………………… (82)
第一节　概述 ………………………………………………………… (82)
第二节　基本技术练习 ………………………………………………… (82)
第三节　游泳安全与救护 ……………………………………………… (87)
第十章　健美体操与现代交际舞 …………………………………… (91)
第一节　健美体操 …………………………………………………… (91)
第二节　现代交际舞 ………………………………………………… (102)
第十一章　体育游戏 ……………………………………………… (104)
第一节　概述 ………………………………………………………… (104)
第二节　体育游戏的分类 …………………………………………… (104)
参考文献 …………………………………………………………… (123)

第一章

体育与身体素质的培养

第一节 概 述

一、体育与竞技体育

(一) 体育的定义和现代体育的特点

1. 体育 体育有广义和狭义之分。

广义的体育是指以身体练习为基本手段,以增强体质、促进人的全面发展、丰富社会文化生活、提高精神文明为目的的一种有意识、有组织的社会活动。

狭义的体育是指体育教育,通过身体活动,传授锻炼身体的知识、技能、技术,达到增强体质和培养良好道德、意志品质的目的。它是有计划的教育过程,是教育的组成部分。

2. 现代体育 现代体育,一般是相对古代体育、近代体育而言的,由社会体育、学校体育、竞技运动三部分组成。其特点如下。

(1)向国际化发展:国际体育竞赛吸引着千千万万的群众,它所产生的影响是多方面的,受到了各国的重视。竞技运动规模越来越国际化。

(2)科学地发展:体育科学有着广泛的研究范围,它不仅包括人体的生长、发育和发展,研究发掘人的潜在能力,还包括所涉及的广泛的社会问题。体育科学涉及哲学和史学、经济学、社会学、教育学、心理学等社会科学,也涉及医学、生物化学、生物力学等自然科学。在与各有关学科的结合和应用的基础上,产生了体育科学这一新兴的学科。

(二)竞技体育的概念和特点

1. 竞技体育的概念 竞技体育是指在全面发展身体,最大限度地挖掘和发挥人(个人或群体)在体力、心理、智力等方面的潜力的基础上,以攀登运动技术高峰和创造优异运动成绩为主要目的的一种运动活动过程。竞技运动是一种制度化、体系化的竞争性体育活动,以打败竞争对手来获取有形或无形的价值利益为目标,在正式组织起来的体育群体的成员或代表之间进行,强调通过竞赛来显示体力和智力,在对参加者的职责和位置作出明确界定的正式规则所设立的限度之内进行。

2. 竞技体育的特点 竞技体育是为了战胜对手,取得优异的运动成绩,最大限度地发挥和提高个人、集体在体格、体能、心理及运动能力等方面的潜力,其特点如下。

(1)充分调动和发挥运动员的体力、智力、心理等方面的潜力。

(2)具有激烈的对抗性和竞赛性。

(3)按照统一的规则竞赛,成绩具有公认性。

(4)历史性:当今世界所开展的竞技运动项目是社会历史的产物。远在两千多年前,就出现了赛跑、投掷、角力等项目,发展至今已有数百种运动项目。普遍开展的项目有田径、体操、篮球、排球、足球、乒乓球、羽毛球、举重、游泳、自行车赛等。各国还有自己特殊的民族传统项目,其发展与国家的政治、经济、文化教育、科学技术密切相关。

(5)观赏性:随着社会的不断发展,竞技体育已经越来越成熟,越来越规范,而随着各种运动的不断普及,喜爱和观看竞技运动的人也逐渐增多。体育将力量与技巧,速度与优美,拼搏与信念,体现到了极致,赋予人无限的动力与启示。

(6)具有一定的教育意义,普及全民健身,提振精神面貌。

二、竞技体育的欣赏

(一) 竞技体育的欣赏意义和特点

1. 意义 欣赏体育竞技运动能丰富人们的文化生活,满足人们的精神需要。精彩的竞赛吸引着数万观众,紧张、激烈、惊险的场面紧扣心弦,激励着人们不断进取。

欣赏体育竞技给我们提供了一个学习运动员拼搏进取、无私奉献、为国争光精神的大课堂。这种精神正是我们欣赏体育比赛时要学习的。

2. 特点

(1) 体育竞技具有竞争和娱乐属性,能充分展现运动员的体力、技能、智力和毅力的较量。

(2) 体育竞技是运动员在特定的环境中,以其精湛的技艺及高雅、优美的动作来展现自我,这些都能与观众在感情上互相沟通、产生共鸣。

(3) 在观赏体育竞赛过程中,观众会对运动员的卓越表现产生崇拜的情绪体验,能激发观众拼搏和竞争意识。

(二) 竞技体育的文化价值

1. 塑造人品的课堂　竞技运动不仅是以争取胜利为直接目的,而且是参与者塑造人品的课堂,可使成千上万的观众从中受到教育。一方面运动员在竞赛中表现他们的思想品质、道德修养与行为作风,另一方面竞赛也可培养他们勇敢、顽强、敢于拼搏、奋发向上、锐意进取的精神以及遵守纪律、服从组织规则的优良品质和团结协作、互相配合的集体主义精神,同时,欣赏者可以从中受到体育道德、体育精神的熏陶和激励,从而精神振奋、干劲倍增。

2. 对外开放的窗口　竞技体育作为体育事业的重要组成部分,是现代社会文明、科学的重要标志之一。随着我国现代科学技术的飞速发展,生产力的不断提高,竞技体育对现代生产方式和人文环境等客观条件的内容、结构及时空关系产生巨大影响。同时它是我国与国际交往的桥梁和对外开放的窗口。体育交往让中国走向世界,让世界了解中国。

3. 勃发美的园地　运动员在竞技体育比赛中所表现出来的美,是通过形体美、运动美、风格美体现出来的。其内容包括强壮美、体态美、素质美、风度美、气质美、动作美、技术美、战术美、思想风格和技术风格美。古希腊"掷铁饼者"的雕塑形象,之所以深入人心,除其造型、艺术价值、独特文化外,还体现了人类对美的追求。运动员在比赛中,充分展示自己的训练水平和一个民族的体育文化,潜移默化地唤起了广大观众积极参加体育锻炼的欲望,促使观众塑造自身的健康美、心灵美、行为美。

(三) 竞技体育欣赏的内容

1. 运动员技术和战术　无论什么比赛项目,技术和战术是核心,也是体育欣赏的主体。当看到高、难、险、新的运动技术和灵活多变的战术时,人们会获得赏心悦目的美感和精神上的享受。例如,跳水运动员的轻盈翻腾、旋转,从容、干净、利落;篮球赛的高大队员快速灵活。观众在欣赏某一项目时,首先应该基本了解该项目的技术条件等,观看比赛时要着重看运动员能否在激烈的对抗中合理地运用技术和战术。另外,还应该善于分析运动员的技术和战术水平与该项目发展趋势的差距,善于评价运动员的技术和战术特点。

2. 运动员身体素质　通常所说的力量、速度、耐力、柔韧性、灵敏性,即身体素质,它是以特殊形式存在于身体之中,是技术、战术的物质基础。如举重运动员的力量,短跑运动员的速度,马拉松运动员的耐力,体操运动员的灵活、柔韧性。欣赏一个运动项目要看运动员是否具备了良好的身体素质。运动员身体素质和运动技术的良好体现,可使欣赏者赏心悦目。

3. 运动员心理素质　在体育比赛中运动员心理素质的好坏,在决定比赛胜负过程中越来越重要,比赛的水平、层次越高,对抗越激烈,对运动员心理素质的要求也就越高。运动员在比赛中心理素质上有良好的表现,往往能给观赏者以启示和教育。例如,运动员高度的时空感、观察力、判断力、注意力、抗干扰能力以及镇静沉着、坚忍不拔、果断、勇敢、协作和顽强拼搏精神等,往往把观赏者带入忘我的境地。

4. 运动员比赛作风和道德品质　欣赏运动竞赛中所体现的思想品质、道德修养、行为作风。

5. 裁判员的水平和作风　在一场激烈的比赛中,一个裁判员的一举一动,往往牵动着亿万观众的心。裁判员专业、公正的作风和严肃、认真的精神风貌,可以把比赛推向新高潮。

6. 运动员体态、气质和运动服装　运动员健美的身材,饱满的精神,潇洒、大方的气质,以及得体、和谐、美观的运动服装,准确、优美、有力的动作,给人以无限美的享受,同时可以激发体育欣赏者的爱美之心,并鼓励和暗示他们通过体育锻炼来塑造自己的健康美、心灵美、行为举止美。

7. 体育建筑艺术　体育建筑是一个时代文化与艺术的反映,是一门独特的建筑艺术,是对时代政治、经济、文化、教育和民族素质的集中表现。所以,许多大型体育场馆设施的建筑,都有着不凡的气派、独特的风格、奇异的结构特征,其外形千姿百态,给人以丰富的艺术享受。体育建筑的整体特色和宏伟气势,不仅给人以进入艺术殿堂的感觉,而且会使人备受鼓舞(图 1-1)。

图 1-1　2008 年北京奥运会主会场——国家体育场

(四) 竞技体育欣赏的要求

1. 体育的功能　体育对促进人类的健康、社会的进步、民族的团结、世界的和平等,都起着十分重要

的作用。另外,通过欣赏体育比赛,可以愉悦身心,增强意志,进一步提高自己的精神境界和认识能力

2. 比赛的特点　作为体育欣赏者,只有了解体育比赛的特点,才能真正体会到其中的乐趣。其主要特点:①强烈的竞争性,即取得胜利、取得成功;②高度的艺术性,主要表现为动作的完善、风格的独特;③严格的统一性,按照统一的规则,表现出规范的技术、战术和道德与情操;④内容的丰富多样性,不同的项目,不同的民族风格,不同的技术、战术特点等。

3. 比赛规则及其演变　比赛规则是为各类比赛制定的统一行为规范和准则,不同的项目有不同的规则,其内容包括裁判员的职责、运动员的行为准则、比赛的组织方法、成绩的评定以及场地器材的规格和使用规定等。体育欣赏者只有在了解规则的情况下,才能更好地欣赏体育运动。

4. 比赛的技术、战术　任何一项体育运动,都有自己完整的技术、战术体系,并且不断地发展和演变,有规律地形成发展趋势。如果不懂技术、战术,那就纯属看“戏”,达不到欣赏的目的,甚至可能在观看的现场打瞌睡、精神不振或乱叫乱喊等。

5. 加强个人修养　个人修养包括道德修养、情感修养和伦理修养。一般国际比赛,都是为宣传文明、弘扬真理,求得团结与和平而进行的。个人修养差的人,时常有不文明的姿态表现出来,并以损人损己的结果告终,如有人大喊大叫,甚至骂裁判和运动员,起哄闹事,偏袒一方,吵得周围的观众不得安宁,影响比赛的顺利进行,最后可能导致自己心理不平衡,影响身心健康。所以,加强个人修养是使体育欣赏者真正受益的重要条件之一。

6. 不断提高个人心理调节能力　在体育比赛中出现惊险、紧张的场面是常事,观众往往容易受这种气氛影响,观众心理的紧张度还可能超出运动员的水平,有时甚至出现狂热、过分激动、害怕、冷落、失望等强烈的情绪体验和精神压力。如果观众没有良好的心理承受能力和调节能力,将会出现激动、害怕或心理不平衡、失眠、做噩梦等反应。所以有些患心脏病等不易承受精神刺激的人不能去欣赏过于激烈的比赛项目。具备了相当的心理承受能力的人,可以使心理调节能力在欣赏激烈比赛中得到提高。

第二节　体育竞赛的意义、种类、组织与编排

体育竞赛是各种运动项目竞赛的总称,是学校群体活动的一项重要内容,学校组织体育运动竞争,一方面可以丰富学生的业余文化生活,另一方面可以检查教学和训练的效果,不断提高学校体育运动水平,促进体育健身活动的蓬勃发展。

一、体育竞赛的意义和种类

(一)体育竞赛的意义

一般意义上的体育竞赛,是指在充分表现和发挥人体最大潜力的基础上,以参赛获胜为主要目标的体育活动形式。组织体育竞赛是高校体育工作的重要环节,有计划、有组织地开展各种体育竞赛,有利于宣传体育运动,吸引和鼓舞学生参加体育锻炼,增强学生体质,丰富校园文化生活,培养学生的审美意识,陶冶学生的道德情操,这对社会主义精神文明建设具有重要作用;体育竞赛有利于增进学生的团结和友谊,培养勇敢顽强、奋力拼搏的集体主义和爱国主义精神;体育竞赛又是检查体育教学、运动训练工作质量的比较客观的方法之一,有利于改进教学和训练,有利于更快地发现和培养优秀的运动人才。随着社会的发展,积极开展体育竞赛有着重大的意义。

1. 宣传教育,促进体育事业的发展　体育竞赛的广泛开展,可以使成千上万的观众,特别是广大青少年从中受到教育,了解各运动项目的特点和意义,培养参与的兴趣和意识,吸引和鼓舞更多的人参加体育锻炼,推动群众性体育活动的开展,促进全民健身运动和体育事业的大力发展。

2. 检查教学和训练工作的成果　平时体育教学和训练的质量如何、有什么进步和问题,可以通过体育竞赛的形式反映出来,从而找出改进教学和训练的途径和方法。任何一个运动员,无论水平高低,都要通过体育竞赛来促进自己运动成绩与技术水平的提高。同时,竞赛活动本身也是运动员与教练员互相学习、交流经验、共同提高的极好机会。

3. 丰富业余文化生活、陶冶情操　亲自参与体育竞赛或观赏体育竞赛,都是一种富有情趣的高尚业余文化生活方式。人们可以从中受到体育道德、体育精神的熏陶和激励,可以消除工作、学习带来的紧张和疲劳,起到调节生活、增添乐趣、振奋精神和陶冶情操的作用。

4. 加强团结、增进友谊　国际、国内的体育竞赛活动,可以增强我国人民与世界各国人民之间的了解和友谊,可以加强国内各民族之间的团结和友谊。广泛开展校内、外体育竞赛活动,是加强班际、系际、校际之间的关系,增进友谊的有效途径。

5. 发掘和培养体育人才　体育竞赛是众多青少年选手成长和展露才华的大舞台,一批批的优秀运动员参加各类型的比赛走向全国、走向世界,成为中国竞技运动的栋梁之材。因此体育竞赛是发掘和培养优秀体育人才的重要途径。

6. 培养学生优良品质和集体主义精神　体育竞

赛有利于培养学生勇敢、顽强、敢于拼搏、奋发向上、锐意进取的精神,以及遵守纪律、服从裁判的优良品质和团结协作、互相配合的集体主义精神。对规范学生行为,加强学校精神文明建设起着积极的促进作用。

（二）体育竞赛的种类

体育竞赛分类方法较多,按竞赛任务的不同可以分为综合竞赛和单项竞赛两大类。

1. 综合竞赛　即综合性运动会,包括若干个运动项目的比赛,其任务是全面检查各项运动的普及提高情况,广泛总结交流经验,推动体育运动的发展,如奥运会、亚运会、全国运动会。

2. 单项竞赛　以单独进行某一项的比赛为内容,一般可分为以下几种。

(1) 锦标赛:为检查、总结某一运动项目的开展情况和教学训练方法及经验,确定名次,促进该项目运动不断发展而举行的单项比赛,如世界杯足球赛、世界男子篮球锦标赛、全国田径运动冠军赛等。

(2) 邀请赛和友谊赛:由一个或几个单位、学校或国家邀请其他单位、学校或国家参加的竞赛。目的是增进友谊和团结,互相学习,共同提高某项运动水平,各种访问比赛一般均属友谊赛。

(3) 对抗赛:由两个以上实力相近的单位或国家联合举办的竞赛,目的是交流经验、切磋技艺、取长补短与共同提高。

(4) 等级赛:按运动员不同技术水平分别举行的比赛,如全国足球甲级队A组联赛。其目的是鼓励和促进运动员提高运动水平,争取升级。

(5) 测验赛:为了达到一定的标准或了解运动员提高成绩的情况而组织的比赛,如体育锻炼标准测验赛等,这类比赛只计成绩不计名次。

(6) 选拔赛:为了发现并挑选运动员、组织或补充代表队、准备参加高一级的竞赛而举行的比赛,如全国田径选拔赛。

(7) 及格赛:一般是在参赛人数过多,有可能影响比赛的正常进行时,先举行及格赛达到预定成绩(或名次)标准者,才能参加比赛,如田径跳高的及格赛。

(8) 表演赛:为了宣传体育活动,扩大影响而举办的比赛,注重技术、战术的充分发挥,带有示范性、娱乐性,如美国国家篮球协会(National Basketball Association,NBA)全明星赛。

(9) 通信赛:用通信的方式组织比赛。凡是以时间、距离、重量、环数来计量的项目均可采用。其优点是组织工作简单、节约时间和经费,缺点是运动员没有临场学习机会,比赛条件也不尽相同。

此外,还包括一些技术难度不大、规则简单、形式灵活、对场地器材要求不高、便于组织的比赛,如跳绳比赛、冬季长跑比赛。

二、体育竞赛的组织与编排方法

（一）体育竞赛的组织方法

1. 竞赛组织机构的设置　首先是成立组织领导机构,统筹考虑和研究有关比赛事宜,讨论制订比赛方案、竞赛规程、组织机构的设置、场地器材等。竞赛的组织机构,其范围根据比赛规模的大小而有所不同。一般应设图1-2所示组织机构,但基层比赛,可根据情况精简。各组织机构的具体工作内容如下。

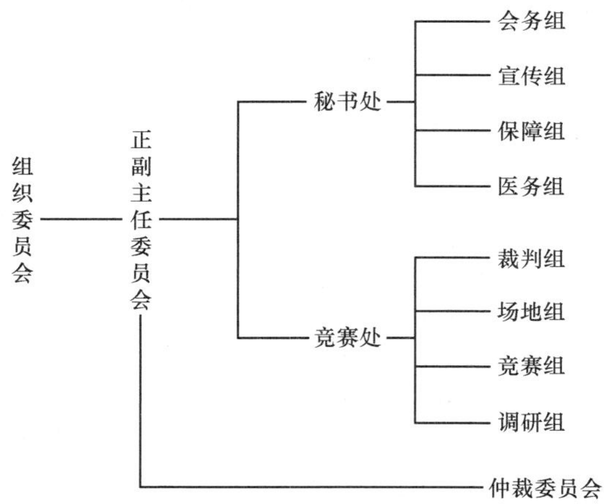

图1-2　体育竞赛组织机构

(1) 制订竞赛规程:竞赛规程的内容根据竞赛的性质、目的、项目特点来设定。大型的综合性运动会应先制订竞赛规程总则,再制订各单项的竞赛规程。总则主要确定举办运动会的宗旨,提出总的规定和要求,以及各单项比赛的一些共性内容。例如,举办单位、地点和时间,参赛单位,参加办法,参赛者资格等。各单项的竞赛规程,则根据总则的要求,设定具体内容,其内容不得与总则矛盾。在具体制订时可根据各单项不同情况取舍。

(2) 制订工作计划:根据组委会的组织方案、竞赛规程、比赛的主要日程、各个工作部门需要考虑拟定具体的工作计划。①竞赛处工作人员的主要职责是针对竞赛的有关问题,详细安排竞赛秩序和日程:编印竞赛秩序册;审查参赛者的资格;组织调研人员统一临场统计标准,印刷各种统计表,调试统计仪器设备;组织裁判员学习;安排竞赛前的训练时间和场地;召开领队、教练员的裁判长会议;检查场地器材准备情况;绘制各种表格。②秘书处工作人员的主要职责是抓好竞赛的行政事务工作,保证竞赛的顺利进行:抓好与会人员的思想工作,抓好大会的宣传教育,安排大会的议程,文件的拟定、印刷和颁发,协调各职能部门的关系,接待与会人员的食宿、交通等,奖品的准备、会场的布置,开幕式与闭幕式的筹备与进行,督促和检查各项工作。

2. 竞赛期间的工作

(1) 各部门经常联系,了解各环节上存在的问题。

(2) 定期召开领队、教练、裁判员会议,听取意见及时解决有关问题。

(3) 抓好裁判队伍的思想及技术上的问题,及时总结研究。

(4) 印发简报和公布比赛成绩。

(5) 及时检查场地器材的使用情况。

(6) 对竞赛发生的特殊问题,进行妥善的处理和安排。

3. 竞赛结束的工作

(1) 认真地进行总结工作。

(2) 评选"体育道德风尚奖"。

(3) 组织和进行闭幕式和发奖仪式。

(4) 印发总成绩册和名次表。

(5) 印发介绍裁判员及借调的工作人员返回原单位的信件。

(6) 做好裁判员鉴定工作。

(7) 安排和办理各队离会的有关工作。

(8) 向上级汇报工作。

(二) 体育竞赛的编排方法

根据体育竞赛的具体要求、项目的特点、参赛队数(人数)、比赛的期限和场地设备条件等因素,可选用不同的比赛方法。下面介绍的是几种竞赛中最常用的编排方法。

1. 淘汰制　淘汰制是通过比赛逐渐淘汰成绩差的选手,最后决定优胜者,这种方法有两种情况:一种是按一定的顺序让参赛者一组一组地表现成绩,通过及格赛、预赛、复赛、决赛,淘汰较差的,比出优胜名次。田径项目多采用这种方法。另一种是球类和其他对抗性比赛项目,一对一地按事先排好的淘汰表进行比赛,胜者进入下一轮,直至最后一轮决出优胜者。后一种情况的淘汰制,如果参赛队(员)数不是 2 的乘方数,则有的队(员)在第一轮比赛中应安排轮空,使第二轮比赛的队(员)数为 2 的乘方数。8 个队参赛的淘汰制轮次,见图 1-3。

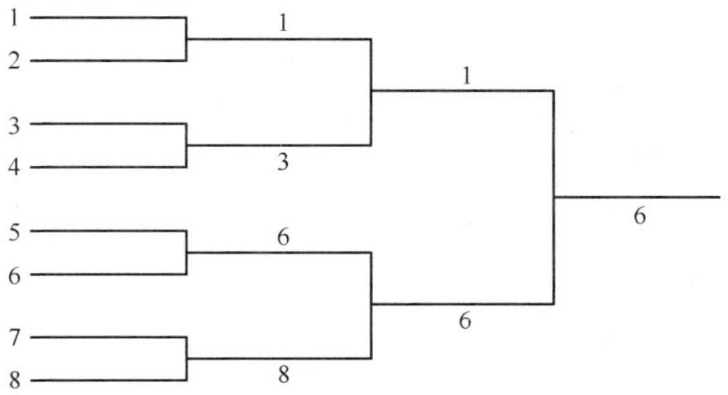

图 1-3　单淘汰制顺序

为了使强队不过早地被淘汰,可将最强的两个队定为种子队排在两头,如有轮空的机会应先让强队轮空。此种方法,失败一次即被淘汰,故称单淘汰制。其优点是参赛者很多时,能在较短时间内完成比赛任务。缺点是很难合理安排除第一名以外的其他名次,一次失败即被淘汰,学习锻炼的机会少。为了弥补其不足,可采用一种双淘汰的竞赛制度。双淘汰制给初次失败者增加了一次比赛机会,亦比单淘汰制更加合理。双淘汰制的比赛秩序、编排方法和单淘汰制基本相同,也是先排种子队后抽签。双淘汰制比赛的总场数=(参赛队数-1)+(参赛队数-2)。6 个队参赛秩序如图 1-4 所示。种子队 1、8 第一轮轮空,直接参加第二轮比赛。

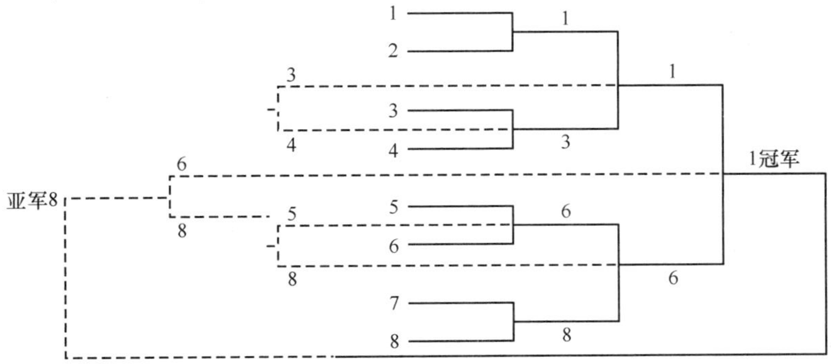

图 1-4　双淘汰制顺序

2. 循环制　循环制是所有参赛的队(员)均互相比赛一次,最后按各队(员)在全部比赛中胜负的场数、得分的多少排列名次。在对抗性项目中经常采用循环制。这种方法比赛机会多,有利于互相学习,提高运动水平,可以较合理地评定参赛者的名次,循环制分单循环制、双循环制和分组循环制三种,可视参赛者的多少和比赛的期限长短而分别采用。

(1) 单循环制:所有参赛的队(员)都互相比赛一次,最后按各队(员)胜负场数和得分多少排列名次。这种方法一般在参赛队(员)数不多,又有足够的竞赛时间时采用。单循环比赛的轮数,如果参赛队是单数,轮数=队数,如果是双数,轮数=队数-1;比赛的场数=队数×(队数-1)÷2。例如,有6个队参赛,则比赛的场数=6×(6-1)÷2=15,即有六个队参加的单循环比赛,要进行五轮15场比赛。单循环比赛秩序编排方法:首先用1、2、3(号码)……分别代表各队,按以下方法排出各轮次的比赛表,如有六个队参赛,比赛轮次见表1-1,即1不动,其他数按逆时针方向轮转。如果只有五队参加,则将6换成0,凡与0相遇的队,即为轮空。其次由各队抽签,按抽签的号码,将队名填入轮次表,再排定比赛日程。

表1-1 六队比赛轮次表

第一轮	第二轮	第三轮	第四轮	第五轮
1—6	1—5	1—4	1—3	1—2
2—5	6—4	5—3	4—2	3—6
3—4	2—3	6—2	5—6	4—5

(2) 双循环制:在参赛队(员)数较少、时间充裕、又有意增加参赛机会时采用。编排方法与单循环制相同,只是各队间要比赛两次,比赛轮次和比赛场次要比单循环制多一倍。

(3) 分组循环制:在参赛队(员)数较多,竞赛时间又有限时采用,这是比赛常用的竞赛制度。整个比赛分为预赛和决赛两个阶段。①预赛阶段:把参赛队分成若干小组,用单循环制赛出各组名次。分组时应尽可能列出种子队,分别编入各小组,避免强队过于集中而失去小组出线的机会。②决赛阶段:根据预赛的组数和需要决出多少名次,采用同名次分组,再用单循环制进行比赛,如预赛只有两组可采用同名次决赛,亦可用交叉赛决定名次。例如,各组的前两名交叉比赛决定1~4名,各组的3、4名用同样的方法决定5~8名,以此类推。将淘汰制和循环制两种方法配合运用,则称为混合制。混合制将比赛分为两个阶段,前一阶段采用分组循环制,后一阶段采用淘汰制。也可以先分组淘汰后采用循环制。

3. 轮换制 将运动员分成若干组,同一时间内,分别进行各个项目的比赛,赛完一项后,各组依次轮换再进行另一项目的比赛。例如,竞技体操团体比赛中,男子六个项目,女子四个项目的比赛方法就是采用轮换制。这种方法比赛时间比较集中,但由于运动员参加比赛项目的顺序不同,条件不可能完全相同。

4. 顺序制 顺序制是一种按规定顺序依次进行比赛的方法。顺序制又可分为分组顺序法和不分组顺序法两种。分组顺序法将参赛者分成若干组,分别进行比赛。例如,田径比赛中的径赛项目,按预赛、复赛、决赛成绩评定名次。也有采用一次(决)赛评定名次的,但必须是以客观标准(时间、距离、环数等)评定运动成绩的项目,如田径运动中的各种田赛项目(跳跃、投掷)。

三、田径运动竞赛的编排方法

1. 田径运动会的编排工作 田径运动会的编排工作,是一项技术性很强、复杂而细致的工作,应在做好各项准备工作的基础上,由指派的技术代表或由他指定的委托人(技术官员)负责各种竞赛抽签。

2. 编排前的准备工作

(1) 按《竞赛规程》规定审核报名单,确认运动员参赛资格,发放参赛证。

(2) 根据审核后的报名单,制订各项参赛人数统计表、运动员兼项统计表、竞赛分组计划表;编写运动员姓名号对照表。

(3) 印制并填写各种比赛用表:①径赛项目按一人、一项、一卡填写"径赛成绩记录卡片";②接力项目按一队、一项、一卡填写"接力赛成绩记录卡片"(一式四份);③田赛项目按竞赛分组计划表,一项一组一表填写"田赛高度成绩记录表"或"田赛远度成绩记录表";④全能项目按人填写"全能成绩记录卡片"。

3. 各项竞赛分组的编排

(1) 径赛:①径赛项目分组时,每组人数应尽量做到均等,不应相差太大,同时应注意同一单位的运动员尽量避免排在同一组内。②若按成绩录取运动员参加下一赛次的比赛,一般应把成绩较好的和成绩较差的运动员各占一半搭配在一起;若按名次录取运动员参加下一赛次比赛,则应把成绩优秀的运动员平均安排在各组内,每组至少应取前两名参加下一赛次的比赛。③具体编排方法:没有报名成绩,而且参赛人数较多的径赛项目预赛分组,可将参加该项比赛的运动员"径赛成绩记录卡片"按单位依次上下排列,再按斜线通过的卡片分组;最后抽签排定组序。④关于道次的排定,根据中国田径协会审定的《田径项目竞赛规程》规定,100~800m的各项径赛,4×400m及4×400m以下的各项接力赛如在同一次比赛中,要连续跑几个赛次时,将按下列规定抽签排定道次:第一个赛次由运动员在赛前控制中心(检录处)抽签排定道次。后继赛次的道次,分两次抽签排定:按成绩择优前四名或队排定第3、第4、第5、第6道次;成绩较差的后四名或队排定第1、第2、第7、第8道次。

凡800m以上的项目以及只需要一个赛次(决赛)的项目,其道次或起跑位置应抽签排定。按参赛单位抽签决定起跑位置时,同单位的多个运动员排成一路纵队起跑。若需分组进行比赛,可按800m以下项目采用的斜线分组方法分组,但1500m、3000m每组人数不超过15人,5000m不超过19人;10 000m不超过27人。

(2) 田赛:项目比赛一般不采用分组,比赛顺序抽签排定，并列入秩序册内。若参赛人数过多，可采用先举行及格赛，通过及格赛标准者才能参加正式比赛。除跳高和撑竿跳高外，其他项目的及格赛，每名运动员有三次试跳（掷）机会，运动员一旦达到及格标准，即不应继续比赛。及格赛成绩不应作为决定的成绩。及格赛结束，参加决赛的顺序应重新抽签排定。在跳高和撑竿跳高的及格赛中，运动员连续三次试跳失败不得继续参加比赛，直至在组委会制订的及格标准高度上最后一次试跳结束，才能决定运动员是否被淘汰。

（3）全能比赛：①全能运动每项比赛前，应抽签排定运动员的比赛顺序；但在任一单项比赛时，运动员未能参加起跑或试跳、试掷者，则不能参加后面单项的比赛，作弃权论，不计其总成绩。②100m、200m、400m、100m栏和110m栏等项目，运动员的分组由裁判长决定，每组最好为五人或以上，不得少于四人。但全能比赛最后一项的分组编排，应将倒数第二项比赛后累积分领先的运动员分在一组。

4. 竞赛日程的编排

（1）编排竞赛日程的原则：①减少正常的兼项冲突，性质相近的项目要错开排列，如100m和200m，100m和跳远及4×100m接力；200m和400m，800m和1500m，1500m和3000m，5000m和10 000m，跳远和三级跳远，铅球和铁饼等。②注意性质相近项目编排的先后顺序，一般是先短后长，如先100m后200m，先800m后1500m，先3000m后5000m，先铅球后铁饼，先跳远后三级跳远。③不同级别的同一项目的径赛，最好衔接进行编排，以利于起终点的裁判工作和场地器械的布置及起点的转移。④要尽量把男女项目交叉编排。⑤200m和200m以下的径赛项目，最好在1天内结束一个项目。上午预赛，下午决赛。⑥田赛项目要注意合理布局，男女排开，长短交叉编排。⑦每单元的比赛，尽可能使田赛与径赛同时结束，注意决赛和精彩项目分别分散排列，保持场内活跃的气氛。⑧按规则给运动员适当的休息时间。

（2）各项竞赛时间的估算（表1-2）。

表1-2　各项竞赛时间的估算

径赛		田赛	
项目	每组时间	项目	每组时间
100～400m	4～5min	跳高	8min×总人数
800m	6～8min	跳远	3min×（总人数+8）
1500m	8～10min		
3000m	15～20min	三级跳远	3min×（总人数+8）
5000m	20～25min	推铅球	3min×（总人数+8）
10 000m	40～45min	掷铁饼	4min×（总人数+8）
各项跨栏	5～10min		
各项接力	5～10min	掷标枪	5min×（总人数+8）

各赛次之间的最低间隔时间：200m及200m以下的项目为45min；200m以上至1000m的项目为90min；1000m以上的项目一般不宜在同一天举行；全能项目各项之间不少于30min。

（3）编排竞赛日程的方法

1）准备不同组别不同颜色的小卡片，并按表1-3格式填写，最后检查有无遗漏。

表1-3　编排竞赛日程

男成年	100m（预）	39人	5组	25min
女成年	标枪（决）	32人	160min	

2）先排全能项目，再排单项；先排径赛后排田赛；并注意短距离比赛的决赛的安排。

3）排好卡片后，结合兼项表、竞赛时间估计运动员休息时间等进行周密细致的检查。如有问题，应进行全面细心的调整。

4）日程方案确定后，应及时抄录下来。为了减少兼项冲突，方便各队训练安排，亦可事先将竞赛日程连同竞赛规程一并发至各参加单位。

5. 编印秩序册

（1）比赛通知、竞赛规程、运动员守则、裁判员及体育道德风尚奖评比方法。

（2）组织委员会、技术代表或官员、仲裁委员会名单及大会工作人员名单。

（3）裁判员名单。

（4）各代表队（姓名、号码对照表）名单。

（5）竞赛日程。

（6）各项竞赛分组表。

（7）有关田径比赛最高纪录。

（8）比赛场地示意图。

第三节　大型运动会简介

一、奥林匹克运动会

奥林匹克运动会简称“奥运会”，是国际奥林匹克委员会（国际奥委会）主办的世界性综合运动会。奥运会有夏季奥运会和冬季奥运会之分，一般要求在同一年于不同国家举办，目前所称的奥运会通常是指夏季奥运会。奥运会每四年举办一次；如因故不能举行，届数仍按顺序计算。比赛项目包括田径、足球、游泳、篮球、乒乓球、羽毛球、排球、体操、举重、自行车、摔跤、柔道、射击、射箭、击剑、划艇、赛艇、帆船、拳击、手球等。1924年，国际奥委会开始举办冬季奥林匹克运动会，每四年一次。项目包括滑雪（高山滑雪、越野滑雪、跳台滑雪)，滑冰(速度滑冰、花样滑冰)，冰球，雪橇(有舵雪橇、无舵雪橇)，现代冬季两项(滑雪和射击)。奥林匹克的口号是“更快、更高、更强”。奥林匹克精神是“相互了解，友谊，团结和公平竞争。”2008 年，在我国成功举办了第 29 届奥林匹克运动会。

二、亚洲运动会

亚洲运动会简称亚运会，是亚洲规模最大的综合性运动会，由亚洲奥林匹克理事会的成员国轮流主办，每四年举办一届，与奥林匹克运动会相间举行，分为亚洲夏季运动会(亚运会)、亚洲冬季运动会(亚冬会)、亚洲青年运动会(亚青会)、亚洲残疾人运动会(亚残会)等。

自 1951 年开始，参赛国主要分布在东亚、东南亚、南亚、西亚、中亚，包括中国、日本、韩国、泰国、菲律宾、印度尼西亚、印度、巴基斯坦等国。

三、其他国际大赛

(一) 世界大学生运动会

世界大学生运动会是国际大学生体育联合会主办的世界大型综合性运动会，只限大学生参加。1957 年为庆祝法国全国学生联合会成立 50 周年，在巴黎举行了大学生运动会和国际文化联欢节，经与会国 30 个国家代表赞同，决定定期举行世界大学生运动会，原则上每两年举行一届。夏季运动会第一届于 1959 年在意大利都灵举行，至 2019 年共进行了 30 届，正式比赛项目有田径、篮球、击剑、足球、体操、游泳、跳水、水球、网球和排球 10 种。根据举办国的要求还可以增选项目，最多为三项。

(二) 世界锦标赛和世界杯赛

1. 世界锦标赛　世界锦标赛是运动竞赛的一种。一般进行一个运动项目的比赛，并确定个人或团体冠军，故又称单项锦标赛或冠军赛。目的是检查某一个运动项目的开展情况，交流和总结该项运动教学与训练的经验，促进运动技术水平的提高。国际单项锦标赛由各运动项目的国际组织定期举行，如国际篮球联合会举办的世界篮球锦标赛，亚洲乒乓球联盟举办的亚洲乒乓球锦标赛。国家的单项锦标赛由主管体育运动的国家或各项运动的国家协会举办，可组织各项运动的锦标赛。

2. 世界杯赛　世界杯赛是运动竞赛的一种。以某种奖杯命名的运动竞赛属锦标赛性质，参赛队(员)有严格的限制，必须是各大洲的冠军队(员)。如世界杯足球赛、戴维斯杯网球赛、世界乒乓球锦标赛、世界杯排球赛等。

四、全国运动会

通常我们所说的全国运动会是指中华人民共和国全国运动会，简称全运会。全运会是中国国内水平最高、规模最大的综合性运动会，每四年举办一次。全运会的比赛项目除武术外基本与奥运会相同，其原意是为国家的奥运战略锻炼新人、选拔人才。

第四节　提高身体素质的方法

一、身体素质的概念与积极作用

(一) 身体素质的概念

身体素质一般是指人体在活动中所表现出来的力量、速度、耐力、灵敏性、柔韧性等机体能力。身体素质是一个人体质强弱的外在表现。一般一个人身体素质的好坏与遗传有关，与后天的营养和体育锻炼的关系更为密切，运用正确的方法进行适当的锻炼，可以从各个方面提高身体素质水平。

身体素质的强弱，是衡量一个人体质状况的重要指标之一。身体素质的提高，对增强人的体质和健康有重要意义。

身体素质包括 5 个方面：速度素质，是人体在单位时间内移动的距离或对外界刺激反应快慢的一种能力；力量素质，是身体某些肌肉收缩时产生的力量；耐力素质，是指人体长时间进行肌肉活动和抵抗疲劳的能力；灵敏素质，是指人体迅速改变体位、转换动作和随机应变的能力；柔韧素质，是指人体活动时各关节肌肉和韧带的弹性和伸展度。

(二) 身体素质的积极作用

作为衡量人的体质强弱与运行功能强弱的指标，身体素质一方面与肌肉工作的效率有关，另一方面也反映了人体各器官系统的功能水平，所以在日常生活中，身体素质和人的运动能力相关。身体素质的积极作用主要表现在以下几个方面。

1. 保障基本活动　从人体解剖学知识可知，人体有 600 多块肌肉。人们靠这些肌肉行走、跑跳、提东西和扛重物，靠它们把食物送进消化道，并帮助消化、吸收和排泄；靠它们把新鲜的空气吸入肺中并把废气呼出；依靠它们把血液送到遍布全身的血管系统中并使血管收缩或扩张。因此，一个人要使自己保持健壮的身体，首先就应该让自身的肌肉强壮有力，否则，身体就不足以满足工作、学习、劳动、娱乐等多方面的需求。一个身体素质差的人，在日常工作和生活中，往往表现为精神情绪烦躁、容易疲劳，工作效率低，颇感力不从心。随着现代人们工作条件的改善，人的体力和能量消耗相应减少，加之物质充足等因素，由此引发心脏病、高血压、糖尿病、肥胖等，为人体健康带来诸多不良影响。因此，人们必须自觉地在日常的工作、学习和生活中提高身体素质。

2. 承受高强度比赛　现代竞技运动不断发展，比赛次数逐年增加，运动员要不断提高运动成绩，就必须进行大负荷训练。身体素质差，训练后疲劳不易恢复，以致损害机体的健康，影响训练效果。

3. 保持稳定、良好的心理状态　运动员在运动训练中具有稳定良好的心理素质是获得成功的重要因素。好的身体素质是形成稳定、良好的心理素质的基础。

4. 预防疾病、延长运动寿命　机体能力发展水平越高，其衰退速度就越慢，保持时间也就越长。专项技术、战术发挥与保持的时间相应就会更长，运动水平衰退速度也就更慢，运动员就能更长久地保持高水平的竞技运动能力。

二、身体素质训练内容与原则

（一）训练内容

身体素质训练是运动训练中的重要组成部分，通过适应专项需要以及合理负荷的肌肉练习，能够充分提高运动员各器官系统的功能，促进运动成绩的提高。身体素质训练是技术、战术训练以及心理训练的基础。它对掌握专项技术、战术，承担大负荷的训练和激烈的比赛具有非常重要的作用。

运动员的身体素质与运动水平协调发展，才有可能在训练比赛中获得成功和取得优异成绩。身体素质训练的基本内容就是充分发展与运动员专项运动密切相关的力量、速度、耐力、柔韧性、灵敏性等能力，从而提高运动员的身体素质水平和健康水平，为专项运动成绩和技术水平的不断发展奠定良好的基础。

身体素质训练可以分为一般身体素质训练和专项身体素质训练。一般身体素质训练是在训练中采用多种多样的非专项身体练习的手段与方法，改善运动员的身体状态，增进运动员的健康，提高运动员各器官系统的功能和全面发展其力量、速度、耐力、灵敏性及柔韧性等素质。专项身体素质训练是在运动训练中，根据专项运动的特点采用与专项运动有密切联系的专门性身体练习的手段与方法，充分提高与专项运动有直接关系的专项力量、速度、耐力、灵敏性及柔韧性等素质，以保证运动员在训练中更好地掌握专项技术、战术并在比赛中顺利有效地运用。

一般身体素质训练和专项身体素质训练之间既有区别又有联系，两者的主要区别在于训练的目的、手段与方法以及负荷形式(表 1-4)。两者的主要联系在于一般身体素质训练是专项身体素质训练的基础，一般身体素质训练为专项身体素质的提高创造了必要的条件。专项身体素质的水平越高，对一般身体素质水平的要求也越高。所以随着专项运动水平的不断提高，一般身体素质训练的要求和专项身体素质训练的要求也随之改变，应相互协调与促进，以满足专项运动发展的需要。

表 1-4　一般身体素质训练与专项身体素质训练的区别

项目	一般身体素质训练	专项身体素质训练
目的	提高人体各器官系统功能，增进身体健康 全面提高身体素质 为专项身体素质和专项成绩的提高打好基础	提高与专项运动有关的器官系统功能 提高与专项运动相适应的身体素质 保证运动员掌握专项技术、战术
手段方法	在专项身体素质训练以外进行多种多样的、对全面提高身体素质有益的身体练习	动作特点与专项动作结构相似或有紧密联系的专门性身体练习
负荷形式	全面负荷，负荷量一般为中等	局部负荷，负荷量一般为大

在运动技能水平的发展过程中，对一般身体素质训练和专项身体素质训练的要求是不同的。根据身体素质水平与运动水平应协调发展的原理，在运动初级水平阶段，运动员重点掌握的是专项基本技术、战术，这就需要全面提高运动员各器官的功能与一般身体素质。但到高级水平阶段，运动员不仅要掌握复杂、先进的技术，而且要在比赛中取得优异的成绩，因此需要最大限度地发展专项身体素质。所以，一般身体素质训练和专项身体素质训练的量要根据运动水平的变化而变化。一般来说，随着运动水平的不断发展，一般身体素质的训练量应该逐步减少，而专项身体素质的训练量应逐步增加。在训练的不同时期和阶段，根据训练任务的不同，将一般身体素质的训练和专项身体素质的训练按比例协调进行，能使身体素质提高获得最佳效果，并为运动成绩的提高奠定良好的物质基础。

（二）训练原则

1. 超负荷　训练效果通常在身体某一部分经受超常的运动负荷时产生，这种情况被称为超负荷。一般来说，训练效果的大小取决于训练负荷程度的高低，如果训练时只运用肌肉去举比平常稍微重一点儿的东西，那么训练效果有限；如果采用较大的重量，那么力量的增长就很快。训练要有一定的强度，不达到一定的强度,训练就不会产生明显效果。当然,这也要因人而异,主要取决于个人训练的起始水平。随着训练的持续进行,受训者会变得越来越强壮。

2. 渐进性　运动员训练的持续时间、频率和强度逐步增加的原则,称为渐进性。要保证训练计划的效果,这种安排必须仔细得当。增加得过快或者过于突然会使运动员承受不了,阻碍适应过程,还有可能导致损伤及其他问题。同时也应避免训练类型的突然改变,新的训练方法应该逐步渐渐引入,而且要适合运动员的身体素质状况。

3. 针对性　训练的一些效果只局限于受试者实际承受超负荷的那些身体部位。例如,跑几乎不增加上臂的力量,举重也不能增加身体的柔韧性。此外,力量训练只对实际参加运动的肌肉有作用。力量增长也只局限于训练中所用到的肌肉。训练效果是很有特异性的,静力训练所增长的只是关节在某个特定角度的力量,而对动力性力量几乎没有提高作用。

4. 交叉作用　尽管我们在前面就训练效果的针对性做了较多的论述,但是,一定程度的交叉效应还是存在的。因为身体不同的器官和组织并不是截然分开的,而一种训练的效果也不会完全局限于身体的某一部分。耐力训练并非发展腿部力量的好方法,不过与一个根本就不参加任何训练的人相比,有规律地进行这种训练的人的腿部力量,可能会相对强一些。

5. 防衰退　训练所获得的效果不是永久性的,中断训练后,身体素质会逐渐下降到训练之前的水平。这种衰退的速度通常比增长速度要慢,身体素质达到一定水平后,只要维持一个较低的训练水平,该素质水平便可以维持。个体之间活动水平的差异,使我们很难确定训练停止后这种衰退的速度。不过,即使水平很高的耐力素质,最终也还是会衰退的。

6. 减少干扰　干扰是一个相当重要的现象,因大多数的运动项目都需要同时发展多种身体素质,相互之间形成一定干扰。干扰作用可通过精心安排训练计划而减小。形成这种干扰的生理机制目前尚不清楚,不过我们已经注意到了下列两种可能性:①对细胞适应产生相反作用;②过度训练。

7. 休息和恢复(避免过度训练)　训练时间过长、强度过大或恢复期太短,都会抑制机体的适应,甚至引起组织破坏。因此,在提高身体素质方面,训练之后的适度恢复和避免过度训练是至关重要的。

三、增强力量素质的练习方法

(一)力量素质的概念

力量素质是指人的机体或机体的某一部分肌肉工作(收缩和舒张)时克服内外阻力的能力。外部阻力是指物体的重量、支撑反作用力、摩擦力以及空气或水的阻力等。内部阻力包括肌肉的黏滞力、关节的加固力及各肌肉间的对抗力等。给予外部阻力往往是发展力量素质的手段,人体在克服这些阻力中提高、发展自身的力量素质。

(二)力量素质的种类

各项体育运动项目由于完成的动作不同,所表现出的力量也不同。球类运动员要改变方向、急停急起;跑步运动员要快速向前推进;跳跃运动员要有踏跳的腾空力;投掷运动员要有器械出手时的全身爆发力;摔跤、柔道运动员要有僵持力,能借力发力;游泳运动员要有手的快速划水和腿的快速打水、蹬水力;棋类运动员要有静坐力、脑的反应力;武术运动员要有快慢、动静结合的控制力;体操运动员要有翻转力、回环力、慢起用力等。根据不同项目对力量素质的要求以及力量的不同表现形式,力量素质可分为多种类型。例如,根据肌肉收缩的形式,可将力量划分为静力性力量和动力性力量;根据力量和体重关系,可分为绝对力量和相对力量;根据力量的表现,又可以分为最大力量、速度力量和力量耐力;根据一般和专项的关系又可以分为一般力量和专项力量。

然而在运动训练实践中,往往按体育运动的不同项目对力量素质的要求,从力量的训练特征来划分。一般将力量素质分为最大力量、相对力量、速度力量和力量耐力 4 种。

(三)影响力量素质的因素

力量素质的提高和发展以人体肌肉形态、结构功能,生理、生化机制的改变为基础,是以神经中枢的兴奋和抑制过程的强度与集中度,以及相适应的神经过程充分协调为前提而建立起来的、各种用力动作的条件反射的结果。也就是说,一个人肌肉力量的大小受到其生长发育水平、性别、体形、自身肌肉结构、特征以及训练的各种各样因素的限制。因此,了解上述因素对力量素质的不同影响,与改善力量素质训练的效果有着密切的关系。

(四)力量素质的练习方法

力量训练是用于发展力量爆发力的方法,可以预防运动损伤,也可将力量训练用于娱乐、一般身体素质训练和健身锻炼中。现代运动训练的一个十分重要的特点是训练方法、手段和方式越来越多样化。只有熟悉、掌握这些方法、手段和方式,并且结合训练实际及个体差异有针对性地合理运用,才可能获得事半功倍的效果。

1. 基本方法与特征　运动训练实践中,人们创造了多种多样的发展肌肉力量的方法,或是作用于整个肌肉系统,或是有选择地作用于某些肌肉群,这些具体的练习形式是形成现代力量训练方法的基础。按动力学特征分类，力量素质练习的方法分为动力性力量练习法、静力性力量练习法及电刺激练习法等。动力性力量练习法是指人体采用相对运动的动作形式进行力量素质的练习，主要是由克制收缩形式、退让收缩形式的速度性超长收缩、力量性超等长收缩练习等方法组成。静力性力量练习法是指人体采用相对静止的动作形式发展力量素质的练习，主要是等长收缩的练习。电刺激练习法是利用电刺激仪产生的脉冲电流，代替由大脑产生的神经冲动，使肌肉收缩，达到提高肌肉力量的目的。此外，还有将动力性力量练习的形式和静力性力量练习的形式进行不同组合，形成新的发展不同力量素质的组合练习方法。

总的来说，提高力量的过程中采用多种手段和方式进行训练是非常重要的。

2. 基本手段　虽然各种不同的力量素质均有不同的练习手法，但力量素质训练也有一些共同的练习形式，现归纳如下。

（1）负重的抗阻力练习。

（2）对抗性练习。

（3）克服弹性物体阻力的练习。

（4）利用外部环境阻力的练习。

（5）克服自身体重的练习。

（6）利用特制的力量练习器的练习。

四、增强速度素质的练习方法

（一）速度素质的概念

速度素质是指人体或人体某部位快速运动的能力，也就是人体或人体某一部位快速做出运动反应与快速完成动作与快速移动的能力。

（二）速度素质的种类

速度素质是人体进行快速运动的一种能力，基本表现形式为反应速度、动作速度和周期性运动中的位移速度（图 1-5）。

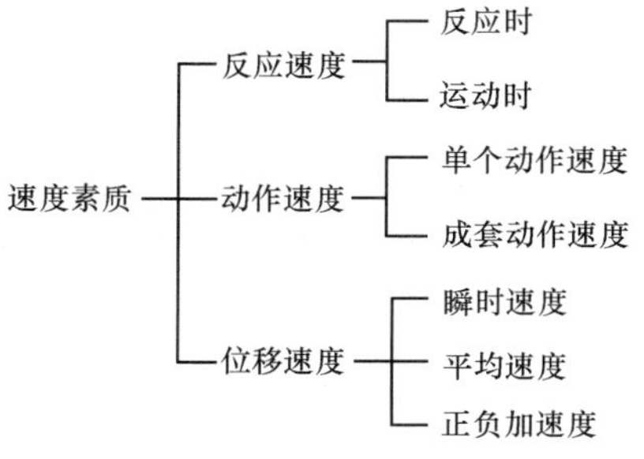

图 1-5　速度素质的表现形式

构成速度素质的反应速度、动作速度、位移速度之间既有联系又有区别。位移速度本身就是由各个动作速度和动作速率组合而成，如途中跑的后蹬速度、前摆腿动作速度、摆臂速度和重复次数的组合。反应速度又往往是位移速度的开始，反应速度在运动时，成为反应后的第一个动作速度。因此，在发展位移速度时，要考虑三者之间的相互关系，就位移速度而言，反应速度是前提条件，动作速度则是基础。

（三）影响速度素质的因素

反应速度、动作速度与位移速度三者之间既有联系，又有区别，特别是在内部机制方面，反应速度和动作速度、位移速度具有较大的差异，前者着重表现在神经活动方面，而后两者则着重表现在肌肉活动方面。

（1）影响反应速度的因素：反应时也称反应潜伏期，指运动员接受刺激与做出肌肉动作之间的应答时间，是决定反应速度快慢的基础。反应时的长短主要取决于三个因素：感受器的敏感度、中枢延搁、效应器的兴奋性。感受器的敏感度强能缩短信号刺激的感受时间，但受到注意力集中程度与指向及感受器疲劳程度的制约。如射击运动员长时间进行瞄准练习后产生视觉疲劳，反应时就会延长。中枢延搁是大脑中枢对刺激信号分析的结果。刺激信号的选择性越大，反射活动就越复杂，历经的突触也越多，分析的时间也就越长。中枢对刺激信号的分析时间主要由中枢神经系统的兴奋性和条件反射建立的巩固程度决定。例如，中枢系统兴奋性高时反应时缩短，疲劳时反应时延长。随着动作技能的日益成熟，反应时会明显缩短，肌肉疲劳时反应时明显延长。可见，注意力的集中程度与指向、疲劳程度与反应过程的熟练程度对反应速度有相当大的影响，所以在反应速度的教学与训练中要引起充分的重视。

（2）影响动作速度、位移速度的因素：动作速度与位移速度的主要特点都是通过肌肉系统最大限度的快速活动形式，在最短的单位时间内完成动作。由于人体肌肉活动的形式与质量受到形态、生理、心理、力学、技术等方面的影响，故影响动作速度、位移速度的因素也表现为多方面。下面仅从人体形态、神经活动过程的灵活性、肌纤维的类型和肌肉用力的协调性四个方面简析。

首先，人体形态对速度的影响主要在于四肢的长度，在其他条件相同的情况下，上下肢的长度越长，该部位的运动速度越快。人体四肢的运动形式是肢体绕关节轴的转动，手脚离轴心的距离越远，运动速度就越快。径赛运动员下肢的长度影响着运动员的成绩。所以，对运动速度要求较高的体育竞技项目，人体形态都是一个重要的选材指标。其次，神经活动过程的灵活性，指神经与肌肉间的协调能力。人体各种形式的快速运动，都是神经中枢活动高度协调的表现。只有高度协调，才能保证在快速运动时，迅速地使所有必要的肌肉协作参与活动，并抑制对抗肌的消极影响，发挥出最高速度。灵活性除能影响肌肉的猛烈收缩，还对肌肉的放松有直接作用。运动员在发展位移速度时，如果能充分放松肌肉，就能较长时间维持高速运动。再次，速度素质以肌肉的快速收缩为基础。人体骨骼肌分为快缩肌纤维、慢缩肌纤维、中间型肌纤维 3 种。快肌纤维主要靠糖酵解供能，但活动时容易疲劳。不同的人体内，两种肌纤维所占比例是不同的，这种比例受遗传影响，两者间后天不可能相互转化，只能通过中间型肌纤维的作用进行功能上的代偿，人体肌肉中快缩肌纤维百分比越高，快速运动的能力越强。另外，良好的肌肉弹性、协调交替能力也是实现快速运动、准确完成动作技术的重要保证。关节的柔韧性对快跑中的步幅影响明显。因此，在发展速度（特别是位移程度）的过程中安排适量的柔韧性练习，对速度素质的提高有积极意义。

（四）速度素质的练习方法

通过一定的方法来提高运动员的速度素质，对发展运动员的快速运动能力有积极的意义。由于速度素质包括反应速度、动作速度、位移速度 3 个方面，而这 3 方面既有联系，又有区别，故速度能力提高的途径也具有多方面的特点（图 1-6）。

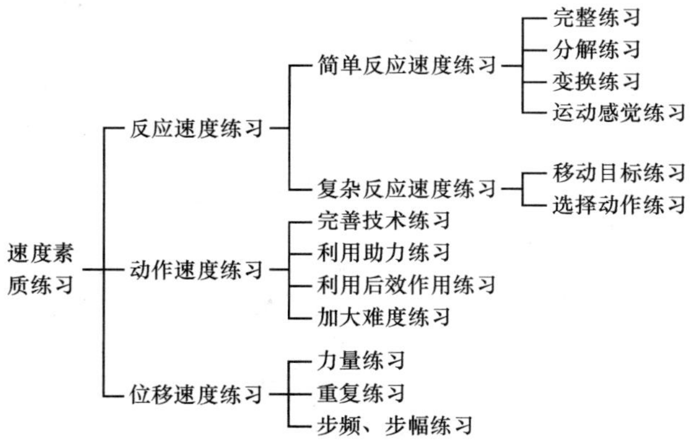

图 1-6　速度素质的练习方法

发展速度素质具体方法多种多样，如反应性游戏、反应起跳、快速小步跑、快速小步跑转高抬腿、单足跳变加速跑等。

五、增强展耐力素质的练习方法

（一）耐力素质的概念

耐力素质是人体素质的重要组成部分之一，任何体育运动项目，都需要相应的耐力素质水平。耐力素质是指人体在长时间工作或运动中克服疲劳的能力。它是反映人体健康水平或体质强弱的一个重要标志。

（二）耐力素质的种类（图 1-7）

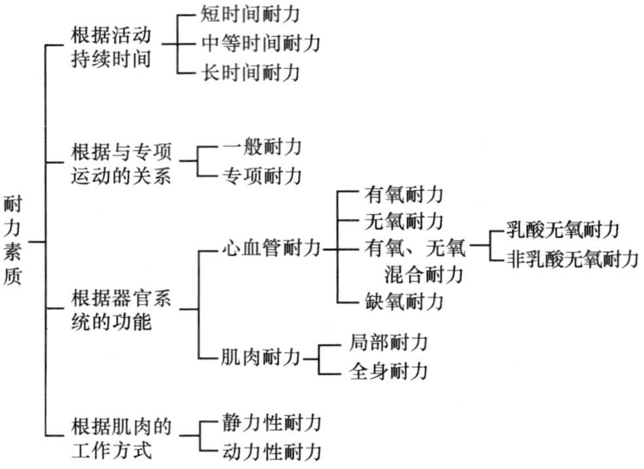

图 1-7　耐力素质分类

（三）影响耐力素质的因素

耐力素质与人体其他身体素质密切相关，它是一种多因素的能力，因此耐力素质的发展水平也受到多种因素的影响。

（1）中枢神经系统的功能：对耐力素质有很大的影响。在耐力练习中，神经系统的活动特点是兴奋与抑制长时间地保持有节律转换，这种转换是人体能够长时间工作的首要条件。其次，中枢神经系统对肌肉、器官和各种神经体液的调节提高人体的耐力素质水平，而耐力素质的练习又能促进神经系统有关方面功能的提高，这一点在发展耐力素质过程中要引起充分重视。

（2）个性心理特征：运动员的运动动机与兴趣、在运动中的心理稳定性，以及主观努力程度、自持力和忍耐力等都会直接影响耐力素质水平的发展，特别是忍耐力与耐力素质的关系更为密切。所谓忍耐力是人体忍受机体发生变化后的能力。忍耐力的大小和有机体发生变化的程度以及对其忍受的时间的长短有关。一般情况下，耐力素质要得到最大限度的发展，就必须充分利用动员起来的忍耐力去克服耐力发展过程中的一个又一个“极点”。

（3）最大吸氧量：指在运动过程中，人体呼吸和循环系统发挥出最大功能水平时，每分钟所能吸收的最大吸氧量，其大小对耐力素质的影响十分明显，因为最大吸氧量本身就是反映有氧耐力水平的一个重要指标。最大吸氧量越大，有氧耐力水平也就越高。

（4）机体的能量储备与供能能力：机体活动时的能量供应和能量交换的程度，在某种意义上取决于各种能量储备的大小和能量交换过程的动员水平。能量储备越大，耐力发展的潜力也就越大。如肌肉中磷酸肌酸、糖原的含量增多，就有利于无氧、有氧耐力水平的提高。肌肉中的磷酸肌酸储备能保证速度耐力活动中的能量供应；而肌肉中的糖原储备则是耐力活动中能量供应的主要方面。能量供应速度主要在于能量交换的速度，耐力水平高的运动员，其体内能量交换的速度也快，从而保证了能量供应在人体活动中不间断。能量交换的速度主要和各种酶系的活性有关，耐力训练能有效地提高各种酶系的活性（如肌酸激酶、乳酸脱氢酶、氧化酶等），加快 ATP 的分解与合成速度。

（5）机体能力的稳定性：指机体的各个系统在疲劳逐步发展、内环境产生变化时，机体能力积极性仍然保持在一个必要的水平上。由于耐力活动会产生大量乳酸，乳酸的逐步堆积也引起肌肉组织和血液的 pH 下降，造成一系列人体机能下降的现象，如神经肌肉接点处兴奋的传递受到阻碍，影响冲动传向肌肉；酶系的活性受到限制，使 ATP 合成速度减慢；钙离子浓度下降，肌肉收缩能力降低等。由此可见，机体能力的稳定性往往取决于机体的抗酸能力，抗酸能力越强，稳定的程度就越高，时间也越长。影响机体抗酸能力的因素有许多，但主要和血液中的碱储备有关。碱储备是缓冲酸性的主要物质。运动员的碱储备比未受过训练的人高出 10%左右，这对提高运动员的抗酸能力，保持机体能力稳定性是有利的。

（6）机体能力节省化：耐力素质的水平还取决于机体能力节省化程度。机体能力节省化和机体能量储备的利用率有很大关系。耐力活动过程中，各种协调性的完善、体力的合理分配都能有效地提高能量储备的利用率。如协调性的完善可以减少不必要的能量消耗；体力的合理分配则可以提高能量的合理利用程度（匀速能量消耗少，变速能量消耗大）。总之，高度的机体能力节省化，能使人体在活动时单位时间内能量消耗减少到一个最小的程度，从而保证人体长时间的活动。

（7）红肌纤维数量：人体肌肉纤维的类型及数量对耐力素质也有影响。据研究，肌肉中红肌纤维因含血红蛋白多，线粒体多，氧化供氧能力强，收缩速度虽慢但能持续、剧烈地收缩，适宜有氧耐力训练。据测定，耐力性项目运动员肌肉中红肌纤维占的比例极大。优秀的长距离游泳运动员的三角肌中，红肌纤维可达 90%左右。所以红肌纤维占优势，给发展耐力素质提供了物质条件。

（8）速度的储备能力：即以较少的能量消耗保持一定速度的能力。这也是影响耐力特别是专项耐力的因素之一。在周期性运动项目中，其重要作用尤为突出。如一名 100m 跑 10.5s 的运动员，跑 400m 成绩达到 50s 是很容易的，他的速度储备指数是 $50\div4-10.5=2$(s)；而一名 100m 跑 12s 的运动员，如 400m 成绩要达到 50s 是很困难的，因为他的速度储备指数只是 $50\div4-12=0.5$(s)。即如果运动员能以极快的速度跑完一个短距离，也能更容易地以较短的时间跑完较长的距离。因为速度储备较高的运动员能以较少的能量消耗保持一定的速度，达到轻松持久的效果，这是中距离项目运动员所要求的专项耐力。除此之外，运动技能水平的高低、体形、性别、体温等因素也都会在不同程度上影响耐力素质的水平。

（四）耐力素质的练习方法

耐力素质的练习方法较多，而且各种方法都有其各自的特点。在练习强度、持续时间、间歇时间与方式、重复次数等因素的组合与变化上，常用的方法主要有以下几种（图 1-8）。

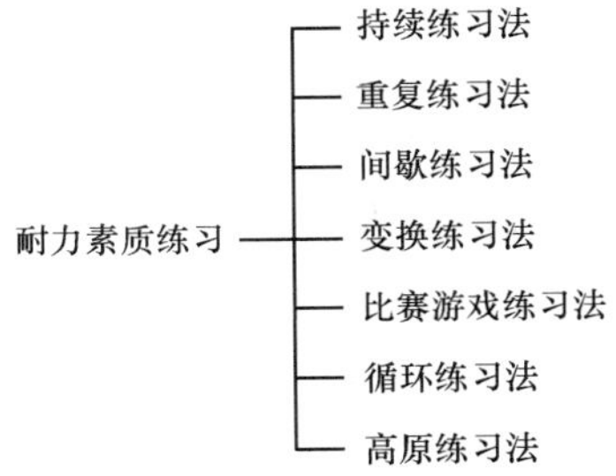

图 1-8　耐力素质练习的一般方法

增强耐力素质时，一般重视肌肉耐力、有氧及无氧耐力的训练。常用的发展耐力素质的方法：1 分钟俯卧撑、重复爬坡跑、连续跑台阶、沙滩跑、后蹬跑、双摇跳绳、长距离多级跳等。

六、增强柔韧素质的练习方法

（一）柔韧素质的概念

柔韧素质是指人体关节活动幅度的大小以及跨过关节的韧带、肌腱、肌肉及其他组织的弹性和伸展能力。

（二）柔韧素质的种类

人们通常把柔韧素质简称为柔韧性。但不能把柔韧性和柔软性混为一谈，虽然两者都可以用肢体活动幅度的大小来衡量，可是它们在实质上是有区别的。从字义上讲，柔韧是既柔而又坚韧，即柔中有刚，刚柔相济；从性能上看，柔韧是幅度中还含有速度和力量的因素，即在做大幅度动作时，肌肉仍能快速有力地收缩，就像钢丝一样，既能弯曲又能迅速伸直。而柔软只是幅度大，却缺乏速度和力量，做动作时软绵绵的，打得开却收不拢。体育运动中需要的是柔韧性而不是柔软性。从柔韧素质与专项运动的关系方面来说，柔韧素质可分为一般柔韧性与专项柔韧性。一般柔韧性是专项运动特殊需要的柔韧性。专项柔韧性具有较强的选择性，因此，同一身体部位具有的柔韧性由于运动项目不同，在幅度、方向等表现上也有差异。柔韧素质从其外部运动状态的表现看，分为动力性柔韧性和静力性柔韧性。动力性柔韧性是肌肉、肌腱、韧带根据动力性技术动作需要，拉伸到解剖学允许的最大限度的能力，随即利用强有力的弹性回缩力来完成动作。所有爆发前的拉伸均属于动力性柔韧性。静力性柔韧性是肌肉、肌腱、韧带根据静力性技术动作需要，拉伸到动作需要的位置角度，控制其停留一定时间所表现出来的能力。动力性柔韧性建立在静力性柔韧性的基础上，但必须要有力量素质的表现。

从完成柔韧性练习的用力主体上看，柔韧性又分为主动柔韧性和被动柔韧性。主动柔韧性是人在主动运动中表现出来的柔韧素质水平。被动柔韧性则是在一定外力协助下完成或在外力作用下表现出来的柔韧水平。主动柔韧性不仅反映对抗肌的可伸展程度，而且也可反映主动肌的收缩力量。一般说主动柔韧性比被动柔韧性要差，这种差距越小，说明柔韧素质的发展水平越均衡。

从柔韧素质在身体不同部位的表现来看，又可分为上肢、下肢、腰部、肩部柔韧性等（图 1-9）。

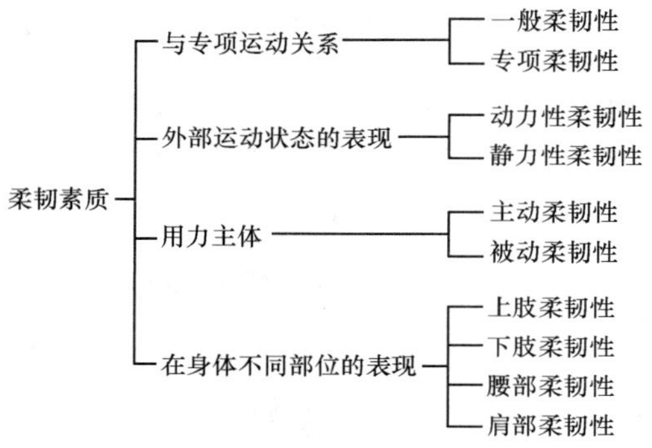

图 1-9　柔韧素质分类

（三）影响柔韧素质的因素

（1）肌肉、韧带组织的弹性不仅取决于性别、年龄，而且取决于中枢神经系统的兴奋度。情绪高涨时，柔韧性会增大。因此，柔韧训练要从少儿抓起，练习时的情绪也不可忽视。

（2）关节的骨结构是柔韧性最不易改变的因素，基本上由遗传决定。如先天骨盆形态扁平，其髋关节柔韧性就好。关节周围组织体积大小对关节活动幅度有限制作用，受先天和后天训练的影响。

（3）神经系统兴奋与抑制过程转换的灵活性与运动中肌肉的基本张力有关。特别是中枢神经系统调节对于肌肉之间的协调性改善以及肌肉紧张和放松的调节能力的提高是至关重要的。

（四）柔韧素质的练习方法

发展柔韧素质目的是提高跨过关节的肌肉、肌腱、韧带等软组织的伸展性。其伸展能力的提高主要是由于“力”的拉伸作用。柔韧素质的练习方法主要有两种，即主动或被动形式的静力拉伸法和主动或被动形式的被动拉伸法。

柔韧素质的发展应从各项目的特点出发，有目的、选择性地进行。常用的发展柔韧素质的方法有以下几种。

1. 手指、手腕柔韧性练习

（1）握拳、伸展反复练习。

（2）手腕屈伸、环绕。

（3）靠墙倒立。

2. 肩关节柔韧性练习

（1）压肩。

（2）手扶一定高度物体前屈压肩。

（3）双人手扶对方肩，间隔适当距离，体前屈、直臂压肩。

3. 腰腹部柔韧性练习

（1）弓箭步转腰压腿。

（2）分腿体前屈，双手从腿中间向后伸。

（3）双手弯腰练习。

（4）手桥练习。

4. 胸部柔韧性练习

（1）俯卧背屈伸。

（2）虎伸腰。

5. 下肢柔韧性练习

（1）前后劈腿、左右劈腿。

（2）踢腿、摆腿。

（3）弓箭步压腿。

6. 距小腿关节（踝关节）和足部柔韧性练习

（1）练习者手扶肋木，用前脚掌站在下边的木杠上，利用体重上下压动，然后在踝关节弯曲角度最大时，停留片刻以拉长肌肉和韧带。

（2）做前脚掌着地的各种跳绳练习。

七、增强灵敏素质的练习方法

（一）灵敏素质的概念

灵敏素质是人体在各种突然变换的条件下，快速、协调、敏捷、准确地完成动作的能力。它是人的运动技能、神经反应和各种身体素质的综合表现。

灵敏素质之所以是运动技能、神经反应和各种身体素质的综合表现，是因为各专项运动的每一个动作都不同程度地体现了力量、速度、耐力、柔韧性等素质。力量特别是爆发力量，控制身体的加速或减速；速度，特别是爆发速度，控制身体移动、躲闪、变换方向的快慢；柔韧性保证力量、速度的发挥；耐力保证持久的工作能力。这些素质的综合运用才能保证动作的熟练程度,而动作的熟练完成必须有中枢神经的支配。神经反应决定了反应速度的快慢,决定了判断是否正确,决定了随机应变、及时作出应答动作的快慢。反应迅速、判断准确和及时作出应答动作是灵敏素质的先决条件,是各素质协同配合完成应答动作的基础。应答动作的熟练程度直接体现了灵敏素质的高低。所以说,灵敏素质是运动技能、神经反应和各种素质的综合表现。

(二)灵敏素质的种类

从灵敏素质与专项运动的关系来看,灵敏素质可分为一般灵敏素质和专项灵敏素质。一般灵敏素质指人在各种活动中,在突然变换的条件下,迅速、合理、准确地完成各种动作的能力。它是专项灵敏素质发展的基础。

专项灵敏素质是运动员在专项运动中迅速、准确、协调自如地完成本专项运动各种技术动作的能力。它是在一般灵敏素质的基础上,多年重复练习专项技术,提高专项技能的成果。

不同的体育运动项目对灵敏素质有不同的要求。球类和一些其他对抗项目要求判断、反应、躲闪、随机应变等方面的灵敏素质。因球类项目的动作技巧变化多样,身体和各部位迅速发生变化,动作结构变异大,反应需敏捷,其动作不像体操、武术、田径等项目是按程序进行的,球类项目没有一种动作是固定不变的,要时刻根据比赛时的复杂条件而灵活地改变动作方向、速度、身体的姿势。这就要求球类运动员在球场上要有开阔的视野、敏锐的球感、多变的战术、协调的配合,才能适应球类运动需要,因此,没有良好的灵敏素质很难成为一名优秀的球类运动员。

(三)影响灵敏素质的因素

影响灵敏素质的因素是多种多样的,其中主要有解剖因素、生理因素、心理因素、运动经验因素及其他身体素质发展水平等。

(1)解剖因素:包括体形、体重。

(2)生理因素:包括大脑皮质神经过程的灵活性。

(3)年龄与性别。

(4)疲劳程度与情绪。

(5)其他身体素质发展水平。

(四)灵敏素质的练习方法

灵敏素质是人体综合能力的反映,受遗传因素影响很大。为了提高灵敏素质,应尽可能采取逐渐增加复杂程度的练习方式,也可以通过改变条件、器械、器材等方式增加技术动作的复杂性和难度。同时,还应着重培养和提高运动员掌握动作的能力、反应能力、平衡能力、观察能力及节奏感等。发展灵敏素质须从专业特点出发,重点综合发展反应、平衡、协调等能力。常用的发展灵敏素质的方法有如下几种。

1. 提高反应判断的练习

(1)按口令做相反动作。

(2)听信号做各种姿势起跑。

(3)各种游戏。

2. 发展平衡能力练习

(1)双手倒立、肩肘倒立停一定时间。

(2)在肋木上横跳、上下跳练习。

(3)发展旋转的平衡能力练习。

3. 发展协调性的练习

(1)模仿动作练习。

(2)各种徒手操练习。

(3)脚步移动练习。

4. 利用跳绳进行的一些练习方法

(1)“扫地”跳跃。

(2)交叉跳绳。

(3)集体跳绳。

此外,还可以做各种灵敏性游戏等。

思考题

什么是体育竞技?它的文化价值体现在哪几个方面?

第二章 田径运动

田径运动的比快、比高和比远，充分体现了人类体质和功能的较量。田径运动员高超的技术和田径赛场的紧张激烈得到越来越多观众的欣赏。田径项目的速度、力量与美结合的艺术表现，也越来越为众多的人所喜爱，并吸引更多的人参与。

田径运动能有效地发展速度、力量、耐力、灵敏性和协调性等身体素质，增强体质，获得运动技能，培养意志品质。因此，它被认为是各项体育运动的基础，一些世界体育强国，也同时是田径运动强国。

第一节 概　述

田径或称田径运动，是田赛、径赛和全能比赛的全称。现代田径运动的分类不同，主要包括竞走、跑、跳跃、投掷以及由跑、跳跃、投掷的部分项目组成的全能运动，共计四十多项。

田径运动中以时间计算成绩的项目叫径赛；以高度或远度计算成绩的项目叫田赛；全能运动项目，则是以各单项成绩按“田径运动评分表”换算分数计算成绩。

田径运动是一项综合性的项目，其水平的高低是衡量一个国家体育运动发展水平的重要标志。无论是校内的运动会还是国际大型运动会，都把田径运动作为主体项目，且都在主运动场上举行。田径运动又是设奖最多、最主要的竞赛项目。

田径运动有竞技体育特点，无论是以速度和力量为主的短距离径赛和跳跃、投掷项目，还是以比赛耐力为主的中长距离走、跑项目，都要求运动员能够发挥最佳体能和最佳意志力，竭尽全力地为创造最好成绩而竞争。比赛的胜负常常决定于1/100s或1cm之差，其成绩是客观而准确的。因此，田径比赛也可以说是“强度”比赛。创造任何一项优异田径成绩都反映着运动员的身体训练、技术水平、心理训练、战术训练的综合效果。正因为田径运动水平是衡量一个国家体育运动发展水平的主要标志，所以世界各国都越来越重视和致力于发展田径运动。

田径运动的健身作用概括如下。

1. 神经系统　神经系统能够调节人的所有活动，所有人体的活动都是在神经系统的支配下有序进行的，人的学习和工作也是神经系统来调节的。田径运动能够促进大脑皮质的兴奋感，集中人的注意力，改善人体的灵活性，加快人的反应。

2. 运动系统　运动系统是由骨骼、关节和肌肉组成的，经常从事田径运动可以增强人的体质，增粗人的管状骨，让人的骨骼更加结实，提高人体骨骼的抗损伤能力。田径运动还能够加快人的物质代谢，加速血液循环，增加骨骼营养物质的供应。人体的关节是被肌肉和韧带包围着的，韧带能够加固关节，肌肉能够牵引关节的运动。田径运动还能够提高神经系统对肌肉的控制能力，让肌肉反应更加迅速，协调性更强。

3. 呼吸系统　肌肉活动需要能量供应，能量来源于体内各种营养物质的氧化过程。因此人体必须不断从外界环境得到氧，又不断地向外界环境排出在体内氧化过程中生成的二氧化碳。从事田径运动有利于呼吸肌的锻炼和增强，运动员的呼吸差可达9~16cm，而一般人的呼吸差只有5~8cm；经常参加田径运动的人，由于肺部弹性增强，呼吸肌力量加大，肺活量比一般人高约1000ml。呼吸功能通过田径运动得到提高，使呼吸深度加深，耐力增强，不易疲劳。因此经常参加田径运动的人表现为呼吸深而缓慢，安静时呼吸频率每分钟8~12次，而一般人的呼吸浅而急促，安静时呼吸频率每分钟12~18次。当人体的肌肉工作需氧量增加时，一般人是靠增加呼吸频率来满足对氧气的需要量。长期参加田径运动可以改善和提高呼吸器官的功能，增强气体交换时人体对氧气的摄取能力以及增强心脏活动的潜力。

第二节　田径运动项目

田径运动包括男女竞走、跑、跳跃和投掷的单项运动，以及由跑、跳跃、投掷的部分项目组成的全能运动。具体分类及其有关规格参数，如表 2-1 ~ 表 2-4 所示。

表 2-1　田径运动项目分类表

项目类别		男子项目	女子项目
竞走		10 公里(1 公里 = 1km)、20 公里、50 公里	10 公里(公路)、500m(场内)
跑	短跑	100m、200m、400m	100m、200m、400m
	中跑	800m、1500m、3000m	800m、1500m
	长跑	5000m、10 000m	3000m、5000m、10 000m
	跨栏跑	110m 栏、400m 栏	100m 栏、400m 栏
	接力跑	4×100m 接力、4×400m 接力	4×100m 接力、4×400m 接力
	障碍跑	3000m	
	马拉松	42. 195km	42. 195km
跳跃		跳高、跳远、三级跳远、撑竿跳高	跳高、跳远、三级跳远、撑竿跳高
投掷		铅球、铁饼、标枪、链球	铅球、铁饼、标枪、链球
全能运动		五项全能、十项全能 少年男子甲组：七项全能 少年男子乙组：四项全能	五项全能、七项全能 少年女子甲组：五项全能 少年女子乙组：四项全能

表 2-2　投掷器材规格标准

项目	成年		少年			
	男子组	女子组	男子甲组	男子乙组	女子甲组	女子乙组
推铅球	7.26 公斤(1 公斤 = 1kg)	4 公斤	6 公斤	5 公斤	4 公斤	3 公斤
掷标枪	800g	600g	700g	500g	600g	500g
掷铁饼	2 公斤	1 公斤	1.5 公斤	1 公斤	1 公斤	1 公斤
掷链球	7.26 公斤	6 公斤	5 公斤			

表 2-3　全能运动比赛项目及顺序

组别	项目	比赛项目及顺序
成年男子组	十项全能	第一天：100m、跳远、铅球、跳高、400m 第二天：110m 栏、铁饼、撑竿跳高、标枪、1500m
	五项全能	一天完成：跳远、标枪、200m、铁饼、1500m
成年女子组	七项全能	第一天：100m 栏、跳高、铅球、200m 第二天：跳远、标枪、800m
少年男子甲组	七项全能	第一天：100m 栏、铅球、跳高 第二天：400m、铁饼、撑竿跳高、1500m
少年女子甲组	五项全能	第一天：100m 栏、铅球、跳高 第二天：跳远、800m
少年男子乙组	四项全能	第一天：110m 栏、跳高 第二天：标枪、1500m
少年女子乙组	四项全能	第一天：100m 栏、跳高 第二天：标枪、800m

表 2-4 跨栏跑各项规格参数

组别	全程距离(m)	栏架数(个)	标准栏高(cm)	起点至第一栏距离(m)	栏间距离(m)	最后一栏至终点(m)
成年男子组	110	10	106.7	13.72	9.14	14.02
	400	10	91.4	45	35	40
成年女子组	100	10	84	13	8.50	10.50
	400	10	76.2	45	35	40
少年男子甲组	100	10	100	13.72	8.90	16.18
	200	10	76.2	16	19	13
	400	10	91.4	45	35	40
少年男子乙组	110	10	91.4	13.72	8.70	17.98
	300	8	84	15	35	40
少年女子甲组	100	10	84	13	8.50	10.50
	200	10	76.2	16	19	13
	400	10	76.2	45	35	40
少年女子乙组	100	10	84	15	8	15
	300	8	76.2	15	35	40

一、走跑运动

走跑运动是人们最基本的一种活动,是人体移动的自然方法,属于周期性运动,是锻炼身体、增强体质的有效手段,也是日常生活、生产劳动的基本活动之一。

运动的动作周期是由一个复步,即走或跑的两步形成的。无论走与跑的距离长短,都是单个周期动作的重复。走的一个周期包括两次单腿支撑和两次双腿支撑,不允许出现身体腾空现象。跑是单腿支撑与腾空的交替,一个周期由两次单腿支撑和两次腾空组成。这是走与跑的主要区别。

竞走是在普通走的基础上演变发展而成的,最初其技术特点是骨盆的转动以围绕身体矢状轴为主,手臂、肩部、腰部摇摆的幅度较大,此种技术已被淘汰。现代竞走技术的特点是骨盆的转动以围绕身体垂直轴为主,步幅大,步频快,动作自然。

走跑运动能发展速度、力量、耐力、灵敏性和协调性等身体素质,促进身体的正常发育及运动器官和内脏器官功能的发展。走跑运动可培养学生的勇敢、顽强、果断、吃苦耐劳、勇往直前的意志品质和团结协作的集体主义精神。

二、跳跃运动

跳跃,指两脚用力离开原地向上或向前跳。各项跳跃运动都可以分成四个紧密相连的动作阶段,即人体向前水平移动阶段,技术上称作助跑;人体向前水平移动转变为向前上运动阶段,技术上称作起跳;人体离地后的空中腾越阶段,技术上称作腾空;人体腾空后着地阶段,技术上称作落地。

三、投掷运动

推铅球、掷铁饼、掷标枪等都属于田径运动中的投掷项目,对增强体质、发展力量都有明显的效果,特别是对发展躯干和上、下肢力量有显著作用。

这些比赛项目都是从古老的形式演变而来的。如铅球,当时投掷物是圆形的石头,后来人们把石头改成金属,成了现用的铅球,男子铅球重量为 7. 26kg,女子铅球重量为 4kg。铁饼当时是用石头和青铜制作的。标枪是古代劳动人民为求得生存与大自然做斗争获取必需生活资料的一种原始工具。

随着社会的发展,推铅球、掷铁饼、掷标枪等都逐渐被列为比赛项目,推铅球、掷铁饼是 1896 年在第一届奥克匹林运动会上被列为比赛项目的。女子铅球是在 1948 年第 14 届奥林匹克运动会上被列为比赛项目的。男子标枪早在古希腊奥运会上已被列为比赛项目,到 1906 年被列为国际正式比赛项目。女子标枪到 1932 年第十届奥运会时才被列为国际比赛项目。

思考题

1. 简述田径运动项目分类。
2. 试述你最喜欢哪项田径项目及原因。

第三章

篮球运动

篮球运动在我国非常普及，在高等学校里有着广泛的群众基础，也是大学生喜爱的体育运动项目。篮球锻炼，能促进身体各器官、系统的生长发育，充分发挥机体能力，保持身心健康、精力充沛，减少疾病，提高学习和工作效率。从事篮球运动能促使人体的力量、速度、耐力、灵敏性等素质全面发展，并能使内脏器官、感觉器官和神经中枢系统得到锻炼，使人体的协调性、灵活性和应变能力得以增强。篮球运动对培养勇敢、机智、集体主义精神和组织纪律性等品质都有很大益处。

链 接

21 世纪篮球运动经过了 100 多年的完善与发展，已经向着国际化、多元化、个性化三位一体的方向发展。作为一种社会文化形态，篮球文化已逐步渗透到经济、科技、艺术等领域。

第一节　篮球基本技术与练习方法

篮球技术分为进攻和防守技术两大部分。进攻技术有传接球、投篮、运球与持球突破等。防守技术有防守对手、抢球、打球与断球等。在进攻和防守中，还有移动、抢篮板球技术。

一、移动技术

移动技术包括起动、跑、跳、急停、跨步、转身、滑步后撤步、交叉步、绕步与碎步。

（一）基本步法

1. 基本站立姿势　是移动技术的准备姿势。动作要领：两脚开立，与肩同宽或稍宽，两腿微屈，上体稍前倾，身体重心位于两脚之间，两臂自然弯曲于体侧，双眼注视前方。

2. 跑　是移动的方法，有侧身跑、变向跑、变速跑与后退跑等，其中经常用的有下列三种。

（1）侧身跑：在跑动中，头和上体向球或目标扭转，上体放松，脚尖对着跑进方向，随时准备跑位接球。动作要点：侧身转体，身体重心内倾，双手随时准备接球。

（2）变向跑：以从左向右变向跑为例。顺步变向跑时左脚落地不动，屈膝降低重心，用前脚掌内侧蹬地，同时扭腰转胯，右脚迅速向右跨步。交叉步变向跑时，左脚落地不动，腰胯向右转动，同时左脚前脚掌内侧蹬地向右跨步，继续加速跑步前进(图 3-1)。

（3）变速跑：加速时，上体前倾，前脚掌积极蹬地，同时迅速摆臂，加快步频。减速时上体直立，步幅加大，用前脚掌抵地，缓冲降速。

图 3-1　变向跑

3. 急停　是跑动中突然制动的一种动作方法。可分为跨步急停与跳步急停两种。

（1）跨步急停：动作要领：先向前跨一大步，脚跟着地过渡到全脚掌抵住地面，快速屈膝上体后仰；第二步着地时身体侧转，脚尖内旋，用前脚掌内侧蹬撑地面保持身体平衡（图 3-2）。

图 3-2 跨步急停

（2）跳步急停：动作要领：单脚或双脚起跳，上体后仰，两脚平衡落地，用前脚掌内侧用力撑地，两膝弯曲，降低重心，保持平衡。

4. 滑步 是防守移动的主要动作方法。可分为侧滑步、前滑步和后滑步。

（1）侧滑步：由防守基本站立姿势开始，两臂张开，向左滑步时，右脚前脚掌内侧蹬地的同时，左腿向左侧跨出，左脚落地，右脚向左脚靠拢半步落地，腰胯用力，保持低重心的水平移动。

（2）前滑步：由前后站立防守姿势开始，前脚向前跨出一小步的同时，后脚前脚掌内侧用力蹬地向前滑半步成开立姿势，保持低重心和水平移动，前脚同侧臂向前上举，另一臂向侧下张开。

（3）后滑步：动作方法与前滑步相同，只是方向相反。滑步时动作要点：滑步时重心落在两脚之间，起伏要小，保持屈膝，两脚掌快速有力蹬地滑动，双臂张开维持身体平衡。

5. 转身 动作要领：以一只脚作中枢脚，另一只脚蹬地向前或向后跨出后进行旋转。其是改变原来方向的一种动作方法，可分为前转身和后转身。

（二）移动的练习方法

（1）按移动信号要求练习各种徒手移动技术。

（2）结合持球、运球、传接球技术做各种移动练习。

（3）进行脚步移动综合性练习。

二、传球和接球

传、接球是进攻队员之间有目的地转移球的方法，是比赛中运用最多的一项基本技术，是组织全队进攻配合的纽带。

（一）传球技术

动作要点：传球时，持球动作要正确，用力要协调、连贯，示指和中指拨球、接球时，双手前迎，指端触球即迅速后引缓冲，动作连贯一致。

1. 持球 动作要领：两手五指自然分开，指根以上部位持球的两侧，掌心空出。

2. 传球 有双手胸前传球、双手低手传球、双手低手向后传球、双手头上传球、单手肩上传球、单手胸前传球、单手低手传球、单手低手向后传球、单手肩上向后传球、单手体侧传球、勾手传球等。下面介绍最常用的两种传球方法。

（1）双手胸前传球：双手手指自然分开，用指根和手指部位握住球的侧后方，手心空出，拇指相对成八字形。两脚自然前后或平行站立，臂、腕稍放松，将球置于胸腹间，目视传球目标。传球时用脚蹬地，身体重心前移，前臂急促地前伸，示、中指用力拨球，将球传出（图 3-3）。

图 3-3 双手胸前传球

（2）单手肩上传球：双手持球于胸前，两脚前后站立，右手传球时，左脚向传球方向迈出半步的同时将球引至右肩上，肘关节外展，大小臂自然弯曲，手腕后仰托起球后下方，左肩对准传球方向，重心落在右脚上，传球时右脚蹬地的同时转体，带动上臂加速前摆，手腕前屈，通过示、中指拨球将球传出（图 3-4）。

图 3-4 单手肩上传球

（二）接球技术

接球是获得球的动作，是篮球技术主要技术之一，是抢篮板球和断球的基础。

动作要领：双眼注视来球，两臂自然伸向来球方向。手指自然分开与传球持球手形相同，当手触及来球时，两臂顺势随球后引至胸腹之间。

双手接球：有双手接胸部高度的球、双手接头部高度的球、双手接低于腰部的球、双手接反弹球、双手接地滚球。

（三）传接球的练习方法

（1）做原地传、接球练习（两人或多人为一组练习）。

（2）行进间传、接球练习（两人或多人一组练习、四角传接球练习、跳起腾空传接球练习等）。

三、投　　篮

投篮是篮球运动的主要进攻技术，是篮球比赛唯一的得分手段，一切进攻技术和战术的运用都是为了获取一个良好的投篮机会。

（一）投篮技术

投篮技术包括原地投篮、行进间投篮、跳起投篮、补篮和扣篮。

链 接

几种篮球基本功。

手功：手指和手腕控制球和支配球的能力；手指、手腕对球的感应能力，通常指手感。

脚功：队员转移身体重心、变化移动速度和移动方向时，脚掌用力蹬地的能力和灵活性。

腰功：队员控制身体平衡和影响控制身体中心转移的能力。

眼功：队员对篮球场上情况观察的广度、深度和眼睛运用的能力。

1. 原地投篮　是最基本的投篮方法，是行进间投篮和跳起投篮的基础，有双手胸前投篮、双手头上投篮、单手肩上投篮、单手头上投篮等。下面介绍常用的原地投篮方法。

原地单手肩上投篮动作要领：以右手投篮为例，投篮手同侧脚在前，右臂曲肘，右手持球于右肩上，左手扶球的左侧前下方，两眼注视瞄篮点；投篮时，下肢蹬地发力，右臂向前上方伸直，手腕前屈，示、中指用力拨球，通过指端将球投出（图 3-5）。

2. 行进间投篮　是篮球比赛中广泛应用的一种投篮方式。有单手肩上投篮、单手低手投篮、双手低手投篮、反手投篮、勾手投篮等，下面介绍常用的行进间投篮方式。

（1）行进间单手肩上投篮：以右手投篮为例，右脚向前跨出一大步的同时接球，左脚迅速跨出一小

图 3-5　原地单手肩上投篮

步并用力蹬地起跳，右腿屈膝上抬，同时两手持球上举至肩上，当身体上升接近最高点时，右臂柔和上伸展，手腕稍前屈，示、中指用力拨球，通过指端将球投出。

（2）行进间单手低手投篮：以右手投篮为例，右脚跨出同时接球，左脚接着跨出一小步并用力蹬地起跳，右腿屈膝上抬，双手向前上方举球，当身体接近最高点时，左手离球，右手掌心向上托球，并充分向球篮的方向伸直，接着屈腕，示、中指用力拨球，最后通过指端将球投出（图 3-6）。

图 3-6　行进间单手低手投篮

3. 跳起投篮　简称为跳投。它具有突然性强、出手点高和不易防守的优点。有原地跳投（单手肩上投篮、单手头上投篮、双手头上投篮）和急停跳投（接球急停跳投、运球急停跳投、转身跳投和跳起转身投篮）。下面介绍一种常用的跳投方式。

原地跳起单手肩上投篮动作要领：以右手投篮为例。两手持球于胸腹之间，两脚自然开立，双腿微屈，重心在两脚之间。起跳时，脚掌用力蹬地跳起，双手举球至右肩上方。右手托球，左手离球，右臂向前上方伸直，手腕前屈，示、中指拨球，通过指端将球投出。

（二）投篮的练习方法

（1）两人一组，相距 4～5m，做原地投篮练习。两人传球多人接球，接球后做跨步上篮动作和跳投动作。

（2）两纵队分别站在左右边线内。开始时右边队员跑上前去接球投篮。投篮后再跑到左边的排尾。

左边队员跑上前去接篮板球再传给右边第二人，之后跑到右边排尾，以此类推。

（3）传球切入上篮：站在边上的队员传球给端线的同伴，然后跑向篮下接传球上篮。投篮后，跑至边

线队员排尾，传球队员抢到篮板球后再传给第二个传球队员，跑到中线切入队员排尾，以此类推。

（4）不同角度位置定点投篮练习。

链 接

决定投篮命中率的四大因素。

（1）投篮技术动作：投篮手法的关键在于正确的持球和手腕、手指力量的应用；出手前的瞬间，球在手中应有相对稳定性。

（2）球的旋转：决定投篮的准确性。球飞行中正常旋转可排除空气阻力干扰，使球稳定地沿着正确轨道运行。

（3）瞄准点：直接命中的瞄准点是篮圈离投篮队员最近的一点。碰板投篮的瞄准点是投篮时将球投向篮板上能够碰板入篮的一点。一般情况下，投篮队员与篮板成45°角的位置时碰板投篮效果好。

（4）抛物线及入篮角度。抛物线的高低，决定入篮角度的大小，而入篮角度是否适宜，则影响投篮命中率（中远距离的投篮最高点与篮板上沿基本平行）。

四、运　　球

运球是持球队员在原地或移动中，用手连续按拍借助地面反弹起来球的连续动作。它是比赛中个人摆脱防守进行攻击的方法，也是组织配合、发动快攻、破紧逼防守的重要手段之一。

（一）运球技术

运球技术包括高、低运球，运球急停急起，体前变向换手运球，背后运球，运球转身，胯下运球等。

1. 高运球　在跑动中目视前方，用手指和指根接触球的后侧上方，示指向前，以肘关节为轴，小臂自然屈曲，手腕和手指柔和按拍球，将球拍至脚的外侧前方，球弹起的高度在腰、膝之间。快速运球时，触球部位要向后移，用力要稍加大，球的落点离脚要远些。动作要点：手按拍球的部位要正确，手按拍球与脚步移动要协调。

2. 低运球　运球行进中遇防守队员时，不减速地急剧弯腰屈腿，仰腕用手指和指根部位向前短促地拍球，使球降低至膝关节以下高度，从防守队员一侧超越。动作要点：改变运球高度要自然，并控制好球的反弹，手、脚动作协调一致。

3. 运球急停急起　快速运球中突然利用两步急停，同时按拍球的前上方，目视前方；急起时，蹬地，上体迅速前倾，同时按拍球的后侧上方，迅速起动，用身体护球，摆脱防守。动作要点：急停稳，起动快，人速、球速一致，手、脚动作协调一致。

4. 体前变向换手运球　运球队员从防守队员的右侧突破时，用右手按拍球的右侧后上方，使球经自己的体前向左侧方反弹，同时右脚迅速随球向左侧前方插步，上体同时随球向左扭转，侧肩贴近防守者，将球压低，当球反弹到腹部高度时，左脚蹬地迅速前迈，左手拍球的后侧上方，超越防守（图 3-7）。

5. 背后运球　当对手距离较近，无法采用其他运球方法时，可采用背后运球突然改变方向，以摆脱防守。动作要领：以右手运球向左侧变向为例。变向时，右手将球拉到身后迅速按推球的右侧后方，将球从身后拍至左侧后方，同时右腿向左前方跨出，转体探肩，靠近防守者，换左手按拍球的后上方，加速突破对手（图 3-8）。

6. 胯下运球　运作要领：以右手做胯下运球为例。右手按拍球的右侧下方，使球从两腿之间穿过去，右脚向左前方跨出，换左手运球继续前进（图 3-9）。

图 3-7　体前变向换手运球

图 3-8　背后运球

图 3-9　胯下运球

链 接

增强下肢力量以防髌骨劳损的几种方法

(1) 在沙坑中或海绵垫上原地跳。

(2) 在斜坡跑道上向上跑。

(3) 负重蹲起,要求起立的最后有提臀动作。

(4) "站桩",即屈膝静蹲。

(二) 运球的练习方法

(1) 原地运球:体会运球的动作要领。练习改变运球的速率及运球部位、练习原地换手运球,结合脚步做各种虚晃动作来进行运球练习,最终很好地控制球。

(2) 直线运球:运球的速度可由慢逐渐加快,高低运球相结合,急起、急停相结合。

(3) 变向运球:队员围成一个圆(半径为 6m)。同伴之间的距离可调整。当运球队员到下一位队员位置时,做体前变向换手运球、背后运球、运球转身、胯下运球等。

(4) 运球游戏:队员分布在半场内,由运球队员追逐同伴,在此过程中把球控制住,并用另一只手触及同伴,然后换成被触队员运球追逐。

五、持球突破

持球突破是由持球队员运用脚步动作和运球技术快速超越防守队员的一项攻击性很强的技术。

(一) 持球突破技术

持球突破可分为交叉步持球突破、顺步(同侧步)持球突破及后转身持球突破。以下介绍两种常用的突破方法。

1. 交叉步持球突破　动作要领:以右脚作为中枢脚为例。两脚左右开立,两膝微屈,身体重心降低,持球于胸腹之间。突破时,左脚向左前方跨出,假装做向左突破,当对手重心偏移时,左脚前脚掌内侧蹬地,上体稍向右转,左脚迅速向右侧方跨出,将球引于右侧,接着运球,中枢脚蹬地向前跨出超越防守队员(图 3-10)。

图 3-10　交叉步持球突破

2. 同侧步持球突破　动作要领:以左脚作为中枢脚为例。准备姿势和突破前的动作要求与交叉步相同,突破时先做假动作,当对手重心前移时,右脚向右前方跨一步。向右转体探肩,重心前移,右手运球,左脚前脚掌迅速蹬地,向右前方跨出,突破防守(图 3-11)。

图 3-11　同侧步持球突破

(二) 持球突破的练习方法

(1) 原地持球练习交叉步和顺步突破的动作。

(2) 一人抛球,一人迎面跑动跳步急停接球后做不同的突破方法练习。

(3) 运用假动作,做不同的突破练习,提高应用动作的变化能力和动作的变换速度。

(4) 一对一持球突破练习,并与突破上篮、中远距离投篮结合进行练习。

链 接

消除疲劳十法

(1) 放松。

(2) 睡眠。

(3) 温水浴。

(4) 桑拿、蒸汽浴。

(5) 按摩。

(6) 理疗。

(7) 吸氧。

(8) 营养。

(9) 药物。

(10) 心理恢复。

六、防守对手

(一) 防守技术

防守技术是防守队员根据球与对手的情况,合理运用脚步移动和手臂动作抢占有利位置,干扰和破坏对手进攻而采取的防守动作。

1. 防守无球队员

(1) 防守位置。防守队员根据对手、球篮和球的位置与距离以及对手的身高、速度、进攻特点和自身的特点来决定防守位置。一般来讲,防守队员应在对手与球篮之间偏向有球的一侧,位置上保持一定的角度和距离,对有球的一侧防守距离要近,对无球的一侧防守距离可适当远一些。对篮板下的防守要靠近对手,体现"以球为主、球人兼顾"的原则,使防守变得积极主动,并带有一定的攻击性。

(2) 防守姿势:①防守离球较近的对手,采用面向对手侧向球的斜前方站立的姿势,靠近对手的异侧,脚在前,伸前脚一侧的手臂,封住接球线,干扰对手接球。②防守离球较远的对手采用面向球侧,向对手的斜前方站立的姿势,靠近对手的脚在前,两臂伸向体侧，观察球与对手的动向。堵截对手的接球路线。③防守方法。根据进攻队员和球的移动，采用上步、撤步、滑步和快速步等脚步动作来堵截进攻者的穿插、溜底，不让对手处在有利的位置接球。

2. 防守持球队员

（1）防守位置：应站在对手与球篮之间的位置，对手远离球篮，则离对手远些，反之则近些。

（2）防守姿势：有平步、斜步两种。

（3）防守方法：①防投篮准的对手。首先了解其投篮技术及投篮点，积极干扰，迫使其改变投篮动作和投篮点。②防守突破能力强的对手，要根据位置习惯采取应变对策，应用脚步的动作堵截习惯突破线路。③迫使对手改变运球方向或停止运球。善于传球的对手由于经常成功传球，给其同伴创造投篮的机会，所以防守队员要积极阻挠其传球，上前紧贴对手，手臂挥动封堵传球，迫使对手向没有攻击性的位置传球。

（二）防守的练习方法

（1）队员应根据信号做前、后、左、右各方向的练习。

（2）做连续滑步练习：队员位于距离为4~5m的两个篮球之间，用滑步动作连续摸篮球，要求重心低，转动转向快，持续时间可自行调整。

（3）抢、打、断球练习：①固定两人传球，防守者随球转动，抓住时机抢、打、断球。②4~5人围成圆圈传球，3人在中间练习抢、打、断球，谁被抢、打、断成功，谁就到圈内防守。

七、抢篮板球

比赛中，双方队员在空间争抢投篮未中，从篮板、篮圈弹出的球，即为抢篮板球。

（一）抢篮板球技术

（1）抢占位置。根据对手和投篮队员位置，正确判断篮板球的反弹方向、距离和落点，应用快速的脚步移动（转身、跨步、上步等）抢占位置。

（2）起跳动作。当抢占到有利位置时，做好起跳的准备动作，跳起时身体充分伸直准备抢球。

（3）抢球动作。根据攻、防队员的位置及球的方向可分为单手抢球、双手抢球和点拨球。

（二）抢篮板球的练习方法

（1）自抛（向头上方抛3~4m）自抢，跳到最高点时，用单手或双手抢篮板球。

（2）三人为一组，一人罚球；另两人一对一抢篮板球。

（3）多人为一组打篮板接力赛。从判断、助跑几步、空中抢篮板球紧跟着打篮板，以此类推，落地后再跟到排尾。

链接

何谓"快乐篮球"？就比赛而言，攻防转换流畅、对抗激烈、场面精彩、能让球迷感到快乐的篮球比赛，才能称为"快乐篮球"。就篮球教学训练而言，能吸引学生兴趣，提高学生学习篮球技术的运动能力，增强学生体质，达到身心健康的篮球运动，也称为"快乐篮球"。学生喜欢篮球，愿意参加篮球训练，他们的动机来自崇拜和模仿。他们为摸到梦寐以求的篮球而兴奋不已，为投进了一个球而欢呼叫喊，因为没有过高的标准对他们的技术做要求，所以，玩球中容易获得成就感，可以更好地激发他们对篮球的兴趣。而篮球教学要求学生掌握规范的篮球技术动作，在规范技术的条件下，要求有充沛的体能和顽强的意志，这些严格要求会慢慢磨灭他们对篮球的兴趣，久而久之就会使他们感到打篮球不快乐。为了使学生在一种比较轻松的氛围里较好地掌握篮球运动的理论及技术、战术和运动技能，应实施快乐篮球教学的理念。快乐篮球教学是从情感教学入手，创设生动、活泼、和谐的教学训练氛围，激发学生的情感，唤起学生积极性和主动性，以达到教学的目的。它强调情感、兴趣、创造和能力培养，以教师"乐教"、学生"乐学"为中介，达成学生对篮球的主动学习、愉快发展，它从生理、心理与社会三方面来把握篮球教学的特性和整体效益。

第二节 篮球基本战术

篮球基本战术是指在篮球比赛中，根据篮球运动的规律，本方队员个人技术的合理应用和同伴相互间协调的组织形式。其目的是制服对方，掌握比赛的主动权。

一、进攻战术的基础配合

（1）传切配合：进攻队员间利用传球和切入技术组成的简单配合（图3-12）。

（2）突分配合：进攻队员将球攻破后遇到对方补防或关门时及时将球传给处于有利位置上同伴的配合方法。

（3）掩护配合：采用合理的行动，用自己的身体挡住同伴的防守者的移动路线，使同伴借以摆脱防守，获得接球投篮或进攻机会的配合方法。

二、快攻

快攻是由守转攻时，以最快的速度、最短的时间争取以多打少快速进攻的战术，一般由发动、推进和结束3个阶段组成。

（1）长传快攻：队员在后场得球后，通过一次或两次的传球把球传给已超过防守队员并向对方篮下移动的同伴进攻的一种方法。特点：时间短、速度快、组织简单及成功率高。

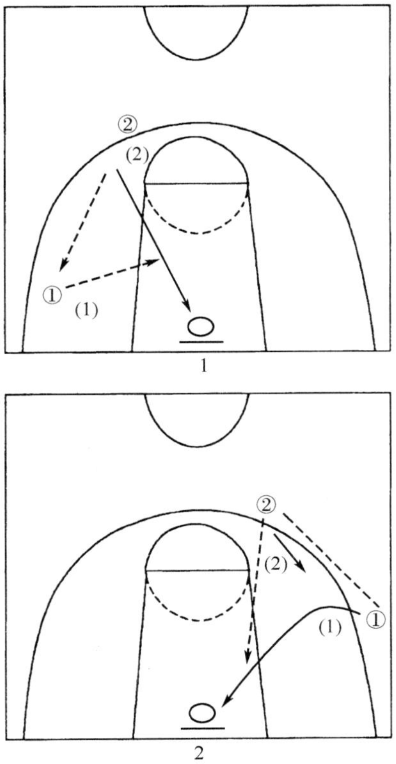

图 3-12　传切配合

（2）短传结合运球快攻：指队员之间在不同的情况下合理地把传球和运球结合起来快速完成进攻的一种攻击方法。其特点：参与快攻人数多，变化多，有效地打破对方的防守阵形。

三、阵地进攻

阵地进攻是针对对方在后场采取人盯人方式或区域防守阵形，运用个人技术和全队的协调配合寻找对方防守漏洞或使对方防守出现漏洞而进行攻击的一种战术。

（1）进攻半场人盯人防守：此战术由掩护、策应、传切等基础战术配合完成。主要的阵形有“1-2-2”双中锋篮下进攻、“1-3-1”双中锋上下进攻、“2-1-2”单中锋内外策应进攻等。

（2）进攻区域联防：此战术是人动球动，调动对方防守，造成某一区域形成以多打少局面。其特点是针对区域联防的薄弱环节处，进行有效的攻击，打破防守体系，形成内外进攻的机会。

四、防守战术

以个人防守为基础，采取挤过、关门、换防、夹击等技术组合的战术。

链接

防守分工明确，有自己的防区，以防持球队员为主，做到人球兼顾，不让对方在自己的防守区域接球、传球和投篮。防守队员之间相互呼应，随时采用各种防守方法，加强集体防守。

（1）半场人盯人缩小防守：在半场区域以个人防守为基础。这种防守方法一般对付中远距离投篮命中率低，突破和篮下攻击强的球队。

（2）半场人盯人扩大防守：这种人盯人防守主要对付外围远距离投篮命中率高，突破和篮下进攻弱的球队。

（3）区域联防：这种防守是以防球为主，根据场上的变化，每个队员负责一方的区域，用一定的队形把整个防守区域有机联合起来，形成全队的防守战术。

第三节　篮球比赛规则

一、比赛场地

比赛场地为篮球场，如图 3-13 所示。

篮球场面积：长 28m，宽 15m。篮板：长 1.80m，宽 1.05m。篮圈：内圆直径 0.45m，篮圈上沿离地面 3.05m，篮板下沿离地面 2.90m。

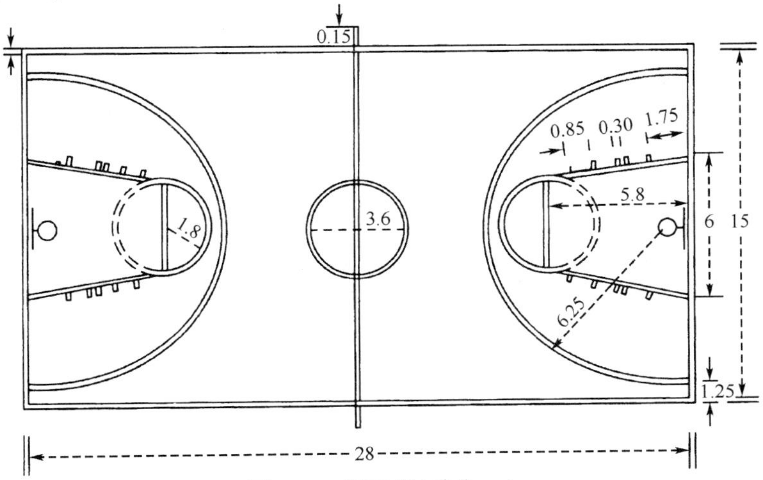

图 3-13　篮球场（单位：m）

二、比赛形式

（1）业余比赛：设上、下半场比赛，每半场 20min，每队、每半场可允许两次暂停，队员犯规五次则自动退出比赛。当有控制球权、球成“死”球时方可换人。一个队的队员犯规或技术犯规达七次，若以后该队队员每次再犯规时都要处以两次罚球。

（2）职业比赛：比赛分为四节，每节 12min，第一节和第二节、第三节和第四节间歇时间 2min，第二节和第三节（半场）间歇 10min，每队每半场允许三次暂停。若两队得分相等，则进行决胜期比赛，每个决胜期为 5min，决胜期每队有一次暂停的机会，直到决出胜负为止。每节全队累计犯规四次以后，该队队员每次再犯规都要处以两次罚球。

三、比赛规则

在此只介绍最常用的比赛规则。

（1）带球走违例：队员抬起中枢脚，跳投或传球时，在球离手前不能落回地面。如运球，在球离手前不准提起中枢脚。

（2）两次运球违例：队员运球时，双手同时触球或球在手中停留时间过长，又进行再次运球。

（3）3s 违例：某队控制球时，同队队员不得在对方限制区内停留超过 3s，否则应判为违例。3s 是限制进攻队员的，裁判员计算 3s 应从看到队员位于限制区时开始，一般采用挥动手臂或默数的方法。投篮后应重新计算 3s。队员在限制区内停留接近 3s 时，可允许他向篮下运球投篮，裁判员鸣哨宣判 3s 违例前，应全面观察，如同时出现投篮、犯规或其他违例，则不应鸣哨宣判 3s 违例。如果鸣哨，裁判员应视情况宣判投中或犯规及其他违例罚则处理。

如果双方在限制区相互争抢球时，双方都无控球权，不判 3s 违例。同时出现犯规或其他违例则判 3s 违例。3s 违例不能累积计算。

（4）5s 违例：在罚球、掷界外球和持球队员在场内停留，没将球处理时，超过 5s，应判 5s 违例。当裁判员将球递给罚球队员，掷界外球和持球队员受阻夹击时，开始计算 5s 违例，一般采用默数方法。

（5）10s 违例：当一名队员控制后场球，该队员必须在 10s 内推进到前场，否则算违例。

（6）24s 违例：进攻队必须在 24s 内完成投篮，否则判违例。一旦控球结束，重新控球或另一队控球时，24s 重新计算。

下列情况下累积 24s 不重新计算：球出界，由控球队队员掷界外球时，裁判员终止比赛（场上发生意外事故），由于控球队的行为而停止比赛时。

（7）掷界外球违例：掷界外球应在裁判指定的地点，左右不能超过 1m。掷界外球不能直接进入球篮，不能越过篮板或触及场外，不能在其他队员未触及前，掷球队员用手触及掷进场内的球。

（8）球回后场违例：控球队的队员在前场不得使球进入后场，进入后场控球队队员若触及应判违例。

（9）跳球的违例：跳球队员应靠近圆心站位，当抛出的球达到最高点时方能击拍球，拍击不能超过两次。

（10）违反体育运动精神的犯规：裁判员认为队员有意识地对持球队员或不持球队员造成侵人犯规，或是有违反道德的行为。

罚则：记犯规队员一次犯规。若有投篮动作，应判给对方罚球和一次边线中点掷界外球。若对投篮队员犯规，投中有效，再判给一次中点处掷界外球。若球没中，根据投篮地点，判给投篮队员两次或三次罚球和一次掷界外球机会。

队员、替补队员、主教练、助理教练、出局的队员和随队人员的任何恶劣的违反体育运动精神的行为均可判定取消其比赛资格。

罚则：登记犯规一次并取消当场比赛的资格。若被犯规队员未做投篮动作，则判“两罚一掷”。若被犯规队员正做投篮动作，投篮得分，再判“一罚一掷”。如被犯规队员正投篮未中，则根据投篮地点判给两次或三次罚球加一次掷界外球。

技术犯规：运用不正当的手法，无视裁判劝告，有意地给犯规者带来不正当利益的犯规，对此裁判应立即判技术犯规。分场外或场内技术犯规两种。

罚则：登记一次技术犯规。如判场内队员技术犯规，应给对方两次罚球机会。如判场外人员技术犯规，执行“二罚一掷”。

链接

大学生篮球运动率先从原有的学校体育体制中走出来，走向社会和市场，开创了中国高校体育改革的先河。大学生应该具有自己的专业素质，但是社会的发展和进步，又要求他们具有更高的综合素质，中国大学生篮球联赛（Chinese University Basketball Association，CUBA）正是为了适应这种形势的需要应运而生的。联赛利用双休日和寒、暑假在不同的校园举行，既可以活跃和丰富大学生的校园生活，又能促进他们参与健身和娱乐的积极性，又有利于他们成为身心健康、全面发展的当代大学生。CUBA 诞生将有力地推动全国高等院校篮球运动的发展，吸引更多的大学生参与这项运动，从而不断地培养出更多的优秀篮球后备人才。

附:三人制篮球比赛规则

第 1 条:球场

比赛应在设有一个球篮的篮球比赛场地上进行。标准的三人篮球比赛场地面积应为 15m(宽度)×11m(长度)。场地须具有一个标准篮球场尺寸的区域,包括一条罚球线(距球篮正下方 5.80m)、一条两分球线(距球篮正下方 6.75m)以及球篮正下方的一个"无撞人半圆区"。可以使用传统篮球场的半个比赛场地。

第 2 条:球队

每支球队应由 4 名队员组成(其中 3 名为场上队员,1 名为替补队员)。

第 3 条:裁判团队

比赛裁判团队应由 2 名临场裁判员以及 3 名记录台人员组成。

第 4 条:比赛的开始

4.1　比赛开始前,双方球队应同时进行热身。

4.2　双方球队以掷硬币的方式决定第 1 次球权归属。获胜一方可以选择拥有比赛开始时的球权或拥有可能进行的决胜期开始时的球权。

4.3　每队必须有 3 名队员在场上才能开始比赛。

备注:第 4.3 条仅适用于国际篮联(国际篮球联合会)官方比赛(不强制适用于基层比赛)。

第 5 条:得分

5.1　每次从圆弧线以内区域出手中篮,计 1 分。

5.2　每次从圆弧线以外区域出手中篮,计 2 分。

5.3　每次罚球出手中篮,计 1 分。

任何情况下,当防守球队控制球权之后在没有把球转移出圆弧线时投入球篮,由于球队在投篮之前没有出圆弧线而形成未清洁球违例,球中篮将被取消,包含控制球情况下的拍击和补篮。

任何情况下,当防守球队在没有控制球时将防守篮板拍打进球篮,或者将对方传球或运球直接拍打进球篮,则此次进球有效,将得分登记在进攻队最后一名控制球的队员名下。如果上述拍击球发生在 1 分投篮区,此次进球分值为 1 分。如果拍击发生在 2 分投篮区,此次进球分值为 2 分。

第 6 条:比赛时间/比赛胜者

6.1　常规的比赛时间为 10min,在死球状态下和罚球期间应停止计时。在双方完成一次交换球后,当进攻队员获得防守队员的传球时,应立即重新开动计时。

6.2　然而,如果在常规比赛时间结束之前,某队率先得到 21 分或以上则获胜。"突然死亡"规则仅适用于常规的比赛时间(不适用于可能发生的决胜期)。

6.3　如果常规比赛时间结束时比分相等,则应进行决胜期比赛。决胜期开始前应有 1min 的休息时间。在决胜期中率先取得 2 分的球队获胜。

6.4　在预定的比赛开始时间,如果某队在赛场准备开始比赛的队员不足 3 名,则该队因弃权使比赛告负。在因弃权而使比赛告负的情况下,比赛得分应记录为 W-0 或 0-W("W"代表胜)。

6.5　如果某队在比赛结束前离开场地,或该队所有的队员都受伤了和(或)被取消了比赛资格,则该队因缺少队员使比赛告负。在因缺少队员使比赛告负的情况下,胜队可以选择保留该队的得分或使比赛作对方弃权处理,同时因缺少队员使比赛告负的球队得分应登记为 0。

6.6　某队因缺少队员使比赛告负或以不正当的方式弃权而告负,将取消该队在整个赛事的参赛资格。

第 7 条:犯规/罚球

7.1　球队累计犯规达到 6 次后处于全队犯规处罚状态。

7.2　对在圆弧线以内正在做投篮动作的队员犯规,应判给 1 次罚球;对在圆弧线以外正在做投篮动作的队员犯规,应判给 2 次罚球。

7.3　对正在做投篮动作的队员犯规,如果球中篮应计得分,并追加 1 次罚球。

7.4　违反体育运动精神的犯规和取消比赛资格的犯规应登记该队 2 次犯规,队员第 1 次违反体育运动精神的犯规应判给对方 2 次罚球,但不给予球权,所有取消比赛资格的犯规(包括同 1 名队员第 2 次违反体育运动精神的犯规),应总是判给对方 2 次罚球以及随后的球权。

7.5　全队累计 7~9 次犯规,判给对方 2 次罚球。全队累计 10 次及以上的犯规,判给对方 2 次罚球和球权。此条款也适用于违反体育运动精神的犯规和对在做投篮动作队员的犯规,但不按照 7.2、7.3 和 7.4 执行。

7.6　所有的技术犯规总是判给对方 1 次罚球,完成 1 次罚球后,比赛按照下述方式进行:

如果宣判了防守球队技术犯规,则对方进攻计时钟应复位到 12s。

如果宣判了进攻球队技术犯规,则该队将拥有发生犯规时剩余的进攻时间。

备注:进攻犯规不产生罚球。

第 8 条:如何打球

8.1　在每一次投篮中篮或最后一次罚球中篮后(除非某队拥有随后的球权):

非得分队的一名队员在场内球篮下方(而非端线以外),将球运或传至场地圆弧线外的任意位置继续进行比赛。此时,防守队不得在球篮下方的"无撞人半圆区”内抢断球。

8.2　在每一次投篮没有中篮或最后一次罚球没有中篮后(除非某队拥有随后的球权):

如果进攻队抢到篮板球,则可以继续投篮,不必将球转移至圆弧线外。

如果防守队抢到篮板球,则必须将球转移回圆弧线外(通过运球或传球的方式)。

8.3　如果防守队通过抢断或者封盖获得控制球,则必须将球转移回圆弧线外(通过运球或传球的方式)。

8.4　死球状态下给予任一队的球权,应以双方在场地顶端的圆弧线外交换球开始。即一次场地顶端圆弧外(防守队与进攻队队员之间)的传递球。

8.5　若圆弧外队员的双脚都不在圆弧线内,也没有踩踏圆弧线,则被认为“处于圆弧线外”。

8.6　发生跳球情况时,由之前场上的防守队获得球权。

第9条:拖延比赛

9.1　拖延或消极比赛(即不尝试得分)应判违例。

9.2　如果比赛场地装备了进攻计时钟,则进攻队必须在12s之内尝试投篮。(在圆弧顶防守队向进攻队传递球后或在球篮下对方投中篮后)一旦进攻队员持球,12s计时钟应立刻开启。

9.3　如果进攻队员使球出圆弧线后,一名进攻队员在圆弧线内背向或侧向球篮运球超过5s,则将被认为是一起违例。

第10条:替换

当球成死球并且双方完成交换球或执行罚球之前,允许任一队替换队员。替补队员在其队友离开场地并与之发生身体接触后,方可进入比赛场地。替换只能在球篮对侧的端线外进行。替换无须临场裁判员或记录台人员发出信号。

第11条:暂停

11.1　每支球队拥有1次暂停机会。死球状态下任一队员均可以请求暂停。

11.2　若进行媒体转播,主办方可决定是否运用2次媒体暂停,在所有比赛中,2次媒体暂停机会分别为比赛计时钟显示6:59和3:59后的第一次死球期间。

11.3　每次暂停应持续30s。

备注:暂停和替换只能在死球期间进行,对应规则8.1,在活球情况下不可暂停和替换。

第12条:取消比赛资格

队员累积2次违反体育运动精神的犯规(不适用于技术犯规),在其被裁判员取消比赛资格的同时也可被比赛组织方取消其在该赛事中的参赛资格。

思考题

1. 决定投篮命中率的因素有哪些?
2. 叙述三人制篮球比赛和一般篮球比赛的规则。

第四章 排球运动

链 接

排球是一项普遍开展的体育运动，深受大学生的喜爱，比赛时，两队用球网隔开在各自的场区，按照规则运用发球、垫球、传球、扣球、拦网等技术进行攻防对抗，使球落在对方场区地面上，不使球在本方场区落地。排球运动能发展人的力量、弹跳力、速度、灵敏性、柔韧性等身体素质，提高中枢神经系统和心脏的功能，增进身体健康；并培养人的勇敢顽强、吃苦耐劳的意志品质，遵守纪律、团结友爱的作风和集体主义精神。

第一节 排球基本技术与练习方法

有球技术与无球技术均为排球基本技术。有球技术有发球、传球、垫球、扣球和拦网。无球技术有准备姿势、移动、起跳与倒地等。

链 接

初练者不必担心排球运动对场地有太大的要求，只要有一根绳、两根杆或大家围成一个圈，在不同的场所（如空地、室内、田野、沙滩等地）按照游戏规则练习就能实现。

一、准备姿势和移动

（一）准备姿势

准备姿势是迎接即将发生情况的身体姿势，它的作用是便于移动和击球，是一切技术的基础。准备姿势是两脚左右、前后开立，两膝弯曲下蹲，动作的幅度大小可根据不同用途而变化。稍蹲在网前准备拦网时，下蹲幅度可小，两脚可平行开立；稍蹲在后场作准备时，下蹲幅度小，两脚左右、前后稍开立。半蹲通常用于接发球，两脚左右开立略比肩宽，前后开立一脚，脚后跟提起，两膝弯曲并内扣，上体前倾，重心落在两脚间，两臂自然置于体前。深蹲在防守和保护中采用，两脚开立较大，两膝弯曲很多，身体重心很低，上体稍直立，使手臂易于接近地面和倒地保护自己。

（二）移动

移动是使人接近球，保持好人与球的位置和占据场上合理位置，有利于各项攻防技术的运用和战术组成。移动步法根据所需距离而应用，通常有以下几种。

（1）滑步：来球较近，弧度较高时采用。向左方移动时，左脚先向左迈出一步，右脚迅速并上，保持好原准备姿势。滑步一般做一次，也可做几次。在传球、垫球、拦网时采用较多。

（2）交叉步：来球较近时采用。向左方移动时，右脚从左脚前向左方迈出一步，左脚迅速向左方跨出一步落于右脚前面，侧移动时上体稍先转向，结束时上体再转向，保持击球前应有的准备姿势。在防守、一传、拦网时采用较多。

（3）跨步：来球较低时采用，即向移动方向跨出一大步，屈膝深，上体前倾多，跨步向前、侧、侧前各方向，也可过渡到倒地动作。

（4）跑步：离球远时采用。基本步法同熟悉的跑步，跑步时多伴有转身和侧身跑，双臂应分开配合摆动。

二、垫 球

垫球是用双手前臂部击球，利用球的反弹力将球击出的技术动作。垫球多用于接发球、扣球、拦回球及接应低球。垫球简单易学，运用较多，但比传球准确性差。垫球包括正面垫球、侧面垫球、背垫球、挡球和滚翻垫球、前扑垫球、侧倒垫球、鱼跃垫球。当球较远来不及双手垫时，可采用单手臂垫球，但其准确性就更差些。

（一）双手垫球

1. 正面双手垫球　正面双手垫球是各项垫球技术的基础，是运用最多的一种动作，适合接力量大、速度快、落点低的各种来球（图 4-1）。

图 4-1　正面双手垫球

（1）准备姿势：正面对准来球，两脚左右开立略比肩宽。站位在左半场的队员，左脚在前约一只脚距离，右脚跟提起。站在右半场的队员，右脚在前，左脚在后。站在场中央的队员，两脚平行开立比肩稍宽。重心落在脚前掌上，膝关节保持一定的弯曲并内扣。上体前倾，双肩的垂直面超出膝部，膝部的垂直面超出脚尖。身体重心的着力点在前脚掌。双目注视来球方向，注意力高度集中，保持身体静中待动的状态。双臂放松自然弯曲，置于胸腹之间，两手心相对，手指自然张开。

（2）垫球的手形：分为迭掌式、抱拳式和互靠式三种，两臂自然伸直，前臂外旋，两手腕紧靠下压，形成腕关节以上前臂击球部位击球平面。

（3）击球动作：击球时，手臂迅速插入球的下方，含胸收腹，双臂拍夹，压腕抬臂，先蹬腿提腰，将排球很准确地垫到前臂的平面上。同时身体和两臂要自然伴随球前送，以控制球的落点和方向。对于球速快、力量大的排球，手臂应顺势后撤缓冲，使球速得以缓冲而垫出。

（4）击球的角度：根据垫球距离和入射角等于反射角的原理，调整手臂的角度以控制球的方向、弧度和落点。

正面双手击球应掌握以下三字要领：①插，伸直双臂，插到球下。②夹，双臂夹紧，含胸收腹，手腕下压，前臂平面击球。③抬，提肩抬臂，重心随球前移。

2. 垫球的练习方法

（1）两人一组：一人抛球，一人垫球。

（2）自垫练习：向上抛球，在移动中垫球或对墙垫球。

（3）多人为一组：围成一个圆互垫。

（4）多人为一组：接发垫球。

（二）单手垫球

（1）单手垫球是排球速度快，移动速度跟不上的情况下所使用的垫球方式。单手垫球时，用虎口、手背、手掌和前臂内侧击球的下部，根据排球的方向，采取侧跨步、伸臂或下蹲等方式将球垫起。

（2）练习方法：①一人用手背、虎口和前臂内侧击球，左右交替。②一抛一垫。一人抛球，一人用单手垫球。抛球的方向与距离根据练习者自身的条件而定。

三、传　　球

传球是在额的前上方用双手（或单手）借助伸臂，蹬地的动作，通过手指手腕的弹力来完成的击球技术动作。由于手指的控制能力强，传球的准确性较高。传球主要用于二传，是衔接防守与进攻的关键环节，是防守与进攻的桥梁。另外传球技术还可以用于接球，用于吊球和处理球。传球技术有原地或跳起的正传、背传、侧传等。

（一）正面上手传球

（1）准备姿势：正对来球，两脚开立，两膝稍屈，上体挺起，眼睛注视排球，两臂屈肘抬起，两手呈传球手形。

（2）手形：两手自然张开微屈成半球形，手腕后仰，小指在前，拇指摆成外“八”字，字形置于额前。

（3）传球：传球时，利用蹬地、伸膝和伸臂动作，通过球压在手指上的反弹力，以拇、示、中指和手腕协调的力量将球传出。传球距离近时，用手指、手腕的反弹力将球传出。传球距离较远时，必须要加强蹬地的力量，才能达到目的并控制好球（图 4-2）。

（二）背向双手传球

在移动中接近排球，身体稍直立，传球时应抬头挺胸，在蹬地时上体向后伸长，手腕适当后仰，掌心向上，手指触球的下部，利用向后伸臂、伸肘及手指、手腕的弹力将球向后上方传出。比赛中使用背传能达到迷惑对方、出其不意的效果。

（三）侧传

侧传是双手击球高度不同、用力不同情况下的传球，一般在来不及正传、背传时，或在战术传球中采用。侧传传球难度大，又不易传准确。

（四）二传

二传是供扣球进攻的传球，其主要特点是来球和出球方向不同。二传的动作要领和其他传球技术一样，不同的是传球前身体不要正对来球，而应尽力对正传球方向，除个别战术需要外。其基本动作类似，只是用力大小、击球点高低、伸臂方向、压腕幅度和出手速度不同而已。

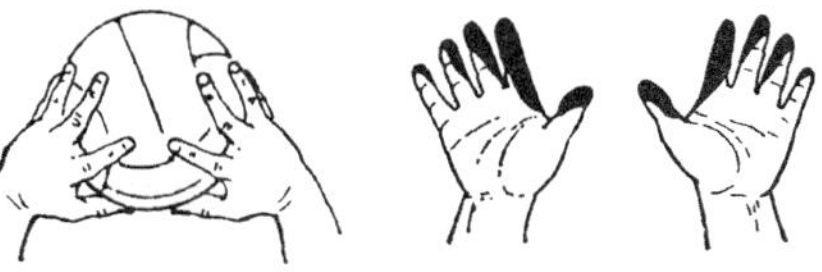

传球手形及接触部位

图 4-2 正面上手传球

正面传球的练习方法如下。

(1) 根据动作要领做原地徒手模仿练习。

(2) 将球抛起,用正确的手形接球,体会手指、手腕的弹力。

(3) 自抛自传。

(4) 两人一组,一抛一传,过渡到一垫一传,或双传。

(5) 多人一组隔网纵队移动传球。

(6) 多人一组,正面传球,提高传球的能力。

链 接

轻度指关节扭伤可于微屈位轻轻拔伸牵引,外擦舒活酒,轻捏数次,不揉不扳,然后用黏膏将靠近伤指的健指固定,一般情况第三天开始就可主动屈伸活动,继续外擦舒活酒,感觉舒适即为好转。

四、发　　球

发球是排球比赛中的进攻手段之一,发球是比赛的开始,有威力的发球可以破坏对方的一传,起到先发制人、争取主动性的作用。强有力的攻击性发球,不仅能创造直接得分的机会,还能给本方造成组织反击的机会,鼓舞本方队员士气,也给对方造成心理压力。

链 接

当你学会了传垫球,一定想到排球场上做一番尝试,此时你一定想如何把排球发过网。当然发球有各种技巧,我们继续学习,帮助你先采用相对简单的方法,顺利把球发过网去。

(一)发球技术

1. 正面下手发球　发球时,面对球网,两脚自然开立,左脚在前,右脚在后,双膝微屈,上体前倾,重心在后脚,左手持球置于腹前。击球时,左手将球抛起偏右侧肩处,同时,右脚蹬地,身体重心前移,伸直右臂,以肩为轴,向前摆动,用虎口、掌根或手掌击球的后下部(图 4-3),击球后迅速进入场地。

图 4-3 正面下手发球

2. 侧面下手发球　发球时左肩对网,两脚左右开立与肩同宽,双膝微屈,上体稍前倾,左手持球置于腹前。击球时,左手平稳地将球向上抛离全身正上方仅一臂远,高度32~40cm,同时右臂摆至右侧后上方;利用右脚蹬地转体的力量,右臂迅速向前摆动,用虎口或全掌在腹前击球的后下方,随即入场比赛。

3. 正面上手发球　以右手发球为例(图 4-4)。发球时,面对前场,左脚在前,右脚在后开立。左手持球,平稳地将球从右肩的前上方抛起,高度适中。抛球的同时,右臂抬起,并屈肘后引,肘关节与肩平齐,手掌自然张开,抬头、挺胸、收腹。击球时,后脚蹬地,带动上体向左转动,同时迅速收腹,蹬地转体,同时收腹,以腰带背,带动手臂向前挥动,重心随之移动到左脚,伸直手臂在右肩的上方,以全掌或掌根部击球的中、下部。击球后迅速进入场地。

4. 勾手发飘球　动作比正面上手发球省力,但动作稍复杂。左肩对网站立,左手持球于体前。左手将球平稳向上方托起在左肩的前上方约一臂多高。在抛球同时,上体顺势向右转倾,身体重心右移,右臂

图 4-4 正面上手发球

向侧后摆。挥臂击球时,右脚蹬地,上体向左转动从腰部开始发力,身体重心向左脚偏移,带动伸直的手臂向左上方挥动,触球前直线加速。在头前上方用掌根击球的后中部。击球用力短促、突然,并通过重心,使球不旋转而可能飘动。击球时手腕保持紧张,击球后手臂有突停动作。上体随球前移,迅速进场。

（二）发球注意要点与练习方法

1. 发球注意要点

(1) 抛球稳。抛球是发球好坏的基础。抛球要平稳,抛球的高度和距离要适中、稳定。

(2) 挥臂快。手臂挥动的速度与球飞行速度成正比,手臂挥动快,击球后飞行速度就快。

(3) 击球准。手形要正确,击球的部位用力方向和所要发球的方向一致。

(4) 正确的手形。击球的手法不同,发出球的性能作用也不同,不同的发球种类,采用不同的击法击球。

(5) 协调用力。根据不同的发球类型,上、下肢,腰腹协调用力,不能脱节,否则就改变了发球的性能。

2. 练习方法

(1) 抛球练习。平稳地将球向上抛起,抛球不能旋转,高度适中,与身体距离相一致。

(2) 近距离单人对墙、对网练习发球。

(3) 两人一组隔网对发球。初学者隔网距离可调整练习。

(4) 发球积分游戏。把半场均分成九个方块,难度大的区域分值高,相反,分值低。规定发球次数可按积分排名。

五、扣　　球

扣球是攻击性最强的进攻方法,是得分和得发球权的重要手段。扣球有正面扣球、勾手扣球、抡臂扣球。扣球的技术动作可分为准备姿势、判断、助跑、起跳、空中击球、落地几个部分。现着重介绍正面扣球。正面扣球技术又包括近网扣球、远网扣球、调整扣球和各种短平扣快球。在正面扣球内容中,又以近网球和近体快球最为常用。

链 接

经过学习,大家对排球产生了一些兴趣,课余时间可以和几个同伴打打比赛。当然比赛与练习不同,尽管是初级的比赛,也需要集体协作,如果缺乏必要的技术、战术,那就很难体现团队精神。为了把比赛组织起来,我们必须提高应用技术的能力,让我们一起学会把球扣过网。

（一）扣球的分解动作

正面扣球是扣球最主要的方法。正面扣球需要球员面对球网,这一视角便于观察,准确性大,能适应各种球,也可演变多种战术扣球。

(1) 准备姿势和判断:扣球助跑前采用稍蹲的准备姿势,站在离球网 3m 左右处,集中精力观察二传来球,判断球的弧度、落点及战术的组成,随时准备向各个方向助跑。

(2) 助跑:助跑是为了接近球,选择起跳点和增加弹跳高度。助跑的时机、方向、步法、速度、节奏都要根据来球的情况而定。因此应掌握一步、两步、三步及多步助跑步法。以两步助跑为例:助跑时,左脚先向前迈出一步,其作用主要是确定助跑的方向,接着右脚再迅速跨出一大步,左脚及时并上。第二步不仅要大,而且要快速接近球,降低重心并使脚支撑点在身体重心之前,着地脚以脚跟先着地过渡到全脚掌着地,以利于制动前冲力,被动收缩腿部肌肉。

(3) 起跳:起跳要获得高度,更要掌握时机和选好击球点。在助跑制动之后,双臂在体后向前上方快速摆动,同时两腿从弯曲制动的最低点,猛用力蹬地向上起跳。两腿弯曲的程度,可依每人腿部、腰部、背部力量不同或习惯不同而有所不同,但动作要整体上协调、连贯,具有爆发速度。其中,大腿力量是主要的,但小腿力量和脚踝力量绝对不可忽视,起跳初速度不够,而影响弹跳高度,就是由小肌肉群力量差引起的。

(4) 空中扣球:扣球动作的好坏影响着扣球的质量,是扣球的关键。起跳后,上体适当挺胸展腹,上体向右转,右臂向后上方抬起,先抬到肘高于肩,为加大动作幅度,再屈肘并向后下沉肘。挥臂时,以迅速转体、收腹动作发力,依次带动肩、肘、腕各关节成鞭打动作向前上挥动(不要直接挥向球,应先经上方后再向球挥),最后将力量集中在手上。触球时,五指微张呈勺形,并保持紧张,以全手掌包球,掌心为打击中心,扣球的后中上部,同时主动用屈腕、屈指向前积极推压下甩,使球加速呈上旋。扣球点在起跳的最高点和手臂接近伸直最高点的前上方,应注意提肩、抬肘、收腹、含胸,使上体和手臂呈弧形状,近网扣球应积极回收小臂,避免触网,并利用腰腹力量控制身体平衡，减少前冲力，防止触网。

（5）落地：争取用双脚前脚掌先着地再过渡到全脚掌着地，同时顺势屈膝缓冲落地，以减轻腿部负担和准备做下一个动作，并防止触网、过中线（图4-5）。

图4-5 正面扣球

（二）扣球的练习方法

（1）两人一组，一人双手在头上举球，另一个做固定扣球练习。

（2）两人一组，一人抛球，一人扣球。

（3）对墙扣球（原地或跳起练习）。

（4）助跑后，扣网前固定球。

（5）有一人在网前抛球，其余人助跑扣球。

六、拦 网

拦网是队员在网前将手臂伸出网上沿（无论是否跳起），阻挡对方击球过网的技术动作。拦网虽是防守，但也可直接转化为进攻。拦网能阻挡和削弱进攻，并为本方的防守和组织反攻创造条件。拦网能直接拦回、拦死进攻性击球，又是得分手段之一。拦网技术有原地起跳拦网和助跑起跳拦网两种。拦网形式有单人拦网和两、三人的集体拦网。

（一）单人拦网

准备姿势和移动：队员面对球网，采用稍蹲准备姿势，两臂在胸腹侧前自然屈肘。常用的移动步法有滑步、交叉步等，移动后要制动，防止触网和冲撞同队队员。

（1）起跳：原地起跳时重心降低，两膝弯曲，用力蹬地，使身体垂直起跳。两臂从体侧前贴近球网垂直上举式摆动。屈膝深度，因人而异，以发挥弹跳和掌握时机为原则。拦高球时，一般深蹲晚跳；拦快球时可和扣球队员同时起跳或早跳。如时间允许可以先移动后再原地起跳。如时间紧急，可利用助跑和起跳紧密衔接起跳，助跑制动时双脚要尽量转向，便于转体和配合摆臂起跳动作。

（2）空中动作：两臂伸直、提肩、收腹含胸，前臂靠近网，两臂平行，两手自然张开，屈指屈腕呈勺形，保持一定距离；防止球从手与网之间或两臂之间漏过。当手触球时，两手要突然紧张，手腕用力下压盖住球的前上方，拦网的伸臂动作，一般应在对方击球瞬间为好，不宜过早暴露拦网线路。

（3）落地：已将球拦回后，则面对对方，屈膝缓冲，双脚落地；若未拦到球，则在身体下落时随球转头，并以转头方向做转体落地，准备接应或做下一个动作。

判断是拦网的关键环节。判断内容：对方进攻战术的打法，对方二传情况，扣球人跑动及起跳情况，扣球人在空中挥臂动作等都要作判断。其中最主要的是要看清对方挥臂击球方向，从而决定拦网伸臂的部位和手型。

（二）集体拦网

两人或三人协同一致拦一个进攻点的配合行动为集体拦网。集体拦网的目的在于扩大拦截面，多数集体拦网是两人拦网。拦4号位或2号位扣球时，2号位或4号位先取位，拦直线或中斜线，3号位并过来拦中斜线或小斜线。拦3号位扣球时，3号位先取位，2号或4号位并过来一人，两人平均分区拦主线和转体线。集体拦网队员间的距离、两人相邻手间距离都要保持好，应尽量组成统一屏障。

拦网的练习方法：

（1）原地跳起拦网练习。

（2）双人隔网站立，同时原地跳起，在网上击掌。

（3）双人隔网站立，在移动中网上击掌练习。

（4）双人组成移动中拦网。

（5）双人一组隔网站立，一人做拦网练习。

第二节 排球基本战术

排球基本战术是队员在比赛中，根据排球规则的要求和比赛双方的具体情况，合理地应用技术所采取的有目的、有预见性、有组织的集体技术配合。

一、阵容配备

阵容配备是合理地安排比赛场上队员的一种组织手段。比赛期间应合理地把全队的力量搭配好，最大限度地发挥每一个队员的特长和作用。一般情况有3种阵容配备（图4-6）。

二、进攻战术

进攻战术是在接对方发、扣、拦、传、垫过来的球后，全队所采用的有目的、有组织的配合进攻行动。

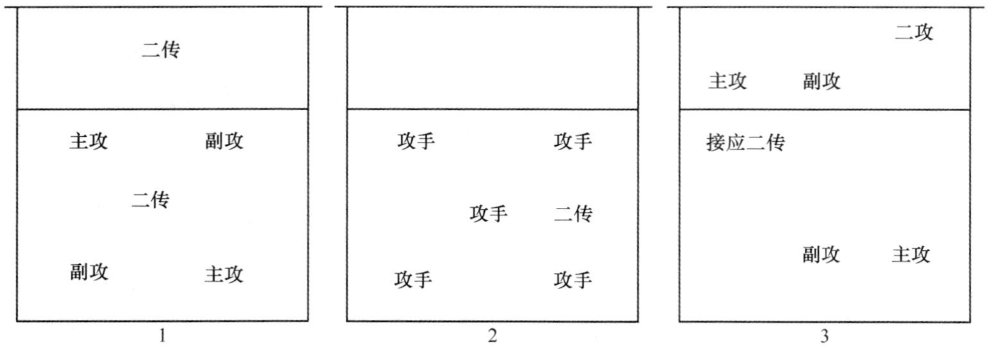

图 4-6　3 种阵容配备

（一）“中一二”进攻战术

3 号位队员做二传，将球传给 2、4 号队员进攻的组织形式（图 4-7）。

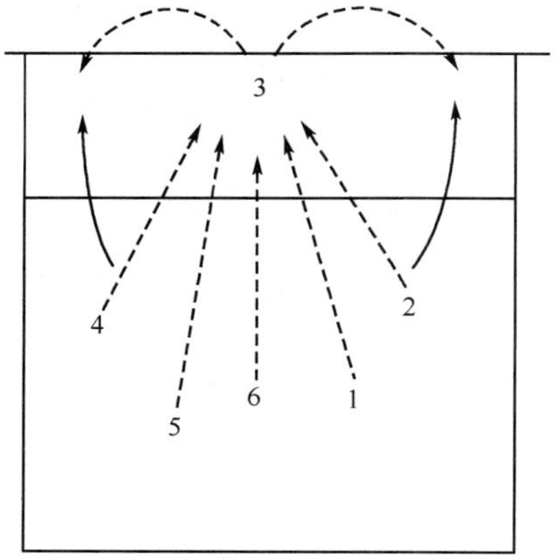

图 4-7　“中一二”进攻战术

（二）“边一二”进攻战术

接球后，把球传给 2 号队员，由 2 号队员再将球传给 3、4 号位队员进攻的组织形式（图 4-8）。

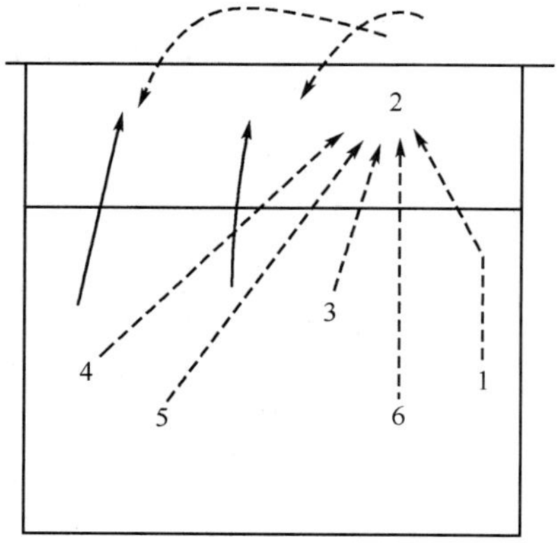

图 4-8　“边一二”进攻战术

（三）练习方法

（1）徒手模仿“中一二”进攻战术站位及跑位的练习。指导教师从 1、5、6 号位向 3 号位抛、传球，由 3 号位队员将球传给 2、4 号位队员扣球，扣球后交换位置。

（2）徒手模仿“边一二”进攻战术战位及跑位的练习。指导教师在 1、5、6 号位将球抛传给 2 号位队员，2 号位队员再把球传给 3、4 号位队员，4 号位一般扣高球，3 号位队员扣半高球或快球练习，进攻后交换位置。

第三节　排球比赛规则

一、比赛场地与器材

排球比赛场地长 18m，宽 9m，男子比赛网高 2.43m，女子比赛网高 2.24m，场地的所有界线均宽 5cm，场地的长和宽均包括界线，压线球为界内球。标志杆长 0.80m，高于球网上沿。距中线 3m 处有一条进攻线，以限制后排队员在前排进行进攻性击球，中线和进攻线被视为无限延长。发球区的宽度为 9m，深度延至无障碍区的终端，发球队员无位置错误犯规。比赛用球必须是黄、蓝、白彩色球，球的标准气压为 0.0425 MPa。

二、比赛方法与一般规则

（一）比赛方法

每队上场队员各六人（含自由人），按限制线分前后排站立，比赛先由后排 1 号位队员在发球区发球开始，采用每球得分制。如发球失误，或被对方将球击落在本方场区内，则算失分并由对方得发球权。取得发球权一方应按顺时针方向依次轮转一个位置发球，比赛继续进行。

链 接

黄牌用于警告不良行为，红牌用于处罚不良行为。

排球场上的黄、红牌和足球场上的黄、红牌作用基本相同，它是裁判员对技术性和非技术性犯规处罚的另一种处罚形式。

出示黄、红牌是排球场上的最严厉的处罚，任何人当时不得提出异议，否则将加重处罚。

（二）站位

场上队员站位是否正确，是在发球队员击球瞬间，以场内队员脚着地的部分来确定。每一名前排队员一只脚的某部位必须比同列后排队员双脚距中线更近；每一名右边或左边队员一只脚的某部位必须比同排队员的双脚离边线近。待发球结束后，队员可在本场内任何一个位置上。

（三）暂停与换人

每局比赛到 8 分、16 分时为技术暂停，而在决胜局的比赛中没有技术暂停，但每队有两次 30s 的暂停机会。比赛成死球时，教练员或队长可向裁判员请求暂停两次，并有两次技术暂停，所有暂停时间为 60s。每队每局比赛只能换六人次，每局开赛队员只能退出比赛一次，再上场时，只能换下替换他的队员。

（四）触球和击球

每队在本场区内，最多击球三次（拦网除外），应将球击入对方场内。比赛中队员身体任何部位都可触球，但接触时要短促地将球清晰地击出，不得有捞、捧、携带等较长时间停留现象。一人不得连续两次触球，否则判连击犯规（拦网除外）。

（五）界外球

（1）球的整个落点完全在场区界线以外的地面上。

（2）球触及场外物体、非比赛队员及天花板。

（3）球触及标志杆和标志杆以外部分。

（4）球的整体或部分从网区以外越过网的垂直面。

（六）中线和网上犯规

（1）过中线：比赛中，队员一脚与双脚或一只手或双手越过中线及对方场区，或脚的一部分踏过中线，另一部分投影不在中线上则造成犯规。如脚或手的一部分还接触中线和置于中线上空是允许的，但不得影响对方。

（2）网上犯规：比赛中进行扣球、拦网或试图击球时，队员身体任何部位与球网接触为触网犯规（无意中触网或被动触网除外）。进攻队员击球手，只能从网上随球过网，不能过网击球，拦网队员的手不能在对方扣球前伸到对方上空拦网，否则判网上犯规。

（七）后排队员犯规

后排队员在比赛中，从进攻线内或踏在进攻线上，将高于球网上沿的球直接击入对方场区或到前排跳起拦网，均属犯规。

（八）发球

发球队员得到第一裁判允许发球的指令，必须在 8s 内将球发出，否则判为延误比赛犯规。发球时，球如果在过网区内触网并越过球网到达对方场区内，则比赛继续进行。

链 接

排球场上的“自由人”

“自由人”是为了加强后排防守而设置的一名防守型队员。比赛服装与本方队员有区别，可以替换后排的任何一名队员，不允许发球。如果“自由人”到前场进行传球，其同伴不允许在高于网处完成对球的攻击性扣击。但“自由人”可以在后场进行任意传球，不可在任何高于球网处的位置完成攻击性扣击。

“自由人”换人没有次数的限制，两次替换之间必须经过比赛过程，替换“自由人”的队员必须是“自由人”。

（九）比分和决胜局

（1）比分：正式比赛，一般采用五局三胜，每局比赛某队满 25 分并比对方至少多得 2 分为胜一局。当双方比分 24 平时，应继续比赛至某队多领先 2 分为止，某队先胜三局即取得该场比赛胜利。

（2）决胜局：双方前四局出现 2∶2 平局时，第五局为决胜局。在该局比赛中，只要一方先得 8 分，应交换场地，位置不变继续进行比赛。当比分 14∶14 平时，此时无最高分限，先超过对手 2 分的队获胜。

思考题

1. 排球比赛中如何培养竞争意识与团结协作精神？
2. 排球有哪些基本技术？它们的动作要领是怎样的？
3. 叙述排球比赛的方法和一般规则。
4. 何谓排球场上的“自由人”？

第五章

足球运动

第一节　足球基本技术与练习方法

链 接

校园足球文化的特点

足球文化是人类文明发展的产物，在高校这一特殊环境下，足球文化被赋予新的含义和价值。校园足球文化具有鲜明的校园性和促进素质教育的方向性，内容也更加丰富，更倾向于娱乐性，辅之实用性和艺术性，其影响更加深远和持续。因此，我们应在主观上重视校园足球文化建设，在客观上创造各种有利条件，积极引导校园足球文化。

一、控　制　球

控制球是持球者以脚的各部位，通过拖、拨、颠、推、挑等动作，将球置于自身控制范围之内的技术。

（1）拖球：以前脚掌触球的上部，将球由前向后或向右（左）不同方向进行拖拉的动作。当拖球到一定位置后，一般均以脚内侧做一下挡球的动作，然后再进行下一动作。

（2）拨球：运球者在快速直线的运球过程中突然改变运球的方向从而越过防守队员的防守。是持球者用脚腕类似抖拨的动作，以脚背内侧或脚背外侧触球，使球向侧方或侧后方及前方滚动。用脚内侧拨球称为“内拨”，以脚背外侧拨球称为“外拨”。一般情况对手伸脚拖球之前的一刹那，以拨球技术从对手一侧越过。

（3）扣球（图5-1）：指持球者突然转身变向，踝关节的急转压扣动作。以脚背内侧或脚背外侧触球，使球向内侧或外侧前后方改变方向，用脚背内侧扣球称为“内扣”，用脚背外侧扣球称为“外扣”。当扣球动作完成，重心应立即跟上，迅速做下一个动作。

（4）颠球：持球者以身体有效部位连续出击，并尽量不使球落地的技术动作。通过练习，可有效地促进人体对球的各种特点（如弹性、重量、旋转等）的熟悉程度，同时加深练习者对触球部位、击球力量的感觉。颠球的部位包括脚背（图5-2）、脚内侧（图5-3）、脚外侧（图5-4）、大腿（图5-5）、头部、胸部、肩等。

图5-1　扣球

图5-2　脚背正面颠球

图5-3　脚内侧颠球

图5-4　脚外侧颠球

图5-5　大腿颠球

二、运　　球

运球技术指持球者以身体的某一部位触击球，使球能按持球者跑动的方向而运动。常用的运球方法包括脚背正面、脚背内侧、脚背外侧及脚内侧运球等。在此，主要介绍脚背外侧、脚背内侧和脚背正面运球技术。

（1）脚背外侧运球（图5-6）：带球时上体稍前倾，步幅小，跑动运球时膝关节弯曲，带球时脚内转，以脚背外侧推及球的后中部。

图5-6 脚背外侧运球

（2）脚背内侧运球（图5-7）：持球者上体稍前倾并稍向运动方向侧转，步幅小，运球腿膝关节稍弯曲，脚尖向外转，以脚内侧推及球的中部。

图5-7 脚背内侧运球

（3）脚背正面运球：持球者上体稍前倾，步幅中等，带球腿屈膝，脚上提，脚尖向下，用脚背正面击球中下部。

三、踢 球

踢球是持球者以脚的某一部位将球击向预定的目标的技术，主要用于传球和射门。

（1）脚背正面踢球：踢球者直线助跑，最后一步支撑脚积极着地，踏于球侧面，脚尖指向出球方向，膝关节微屈。踢球腿在支撑脚前跨和助跑的最后一步蹬离地面时后摆，当膝关节摆至接迎球的正上方时，小腿做鞭打动作，脚背绷直，脚趾向下扣紧，以脚背正面击球后中部。随后踢球腿随球继续提膝前摆（图5-8）。

图5-8 脚背正面踢球

（2）脚背内侧踢球：踢球者斜线助跑，与出球方向夹角约45°，支撑脚外侧积极着地踏于球侧后方约30cm处，膝微屈脚尖指向出球方向，身体稍向支撑脚一侧倾斜。踢球腿在支撑脚落地后，以髋关节为轴，大腿带动小腿前摆，当膝关节接近球的内侧正上方后，小腿做鞭打动作，踢球腿击球时，脚尖稍外转指向地面，脚跟提起，脚趾紧扣，脚背绷紧，以脚背内侧部位击球后中部随后继续前摆（图5-9）。

图5-9 脚背内侧踢球

（3）脚背外侧踢球：踢球者助跑，支撑脚站位，踢球者的摆动与脚背正面踢球基本相同，在踢球腿的膝关节摆至接近球的正上方后，小腿做鞭打动作，膝盖与脚尖内扣，脚趾扣紧，脚背绷直，以脚背外侧击球后中部，随后踢球腿继续前摆（图5-10）。

（4）脚内侧踢球：踢球者直线助跑，支撑脚积极落地，踏于球的一侧，膝关节微屈。踢球腿在支撑脚落地时，以髋关节为轴屈膝前摆，在前摆过程中，膝关节、踝关节外转。击球时，小腿加速前摆，踢球脚尖稍上翘，脚掌与地面平行，以脚内侧击球的后中部，随后踢球腿继续前摆（图5-11）。

（5）练习方法：①单人对墙踢球；②双人练习，两者之间的距离可按练习者的自身能力而定。

图5-10 脚背外侧踢球

图5-11 脚内侧踢球

链接

肌痉挛的原因（非疾病因素引起）如下。

（1）寒冷：肌肉受到低温影响，兴奋性增高，易使肌肉发生强直收缩。

（2）电解质丢失过多：运动中大量排汗，特别是长时间剧烈运动或高温季节运动时，电解质丢失过多，导致肌肉兴奋过高而致痉挛。

（3）肌肉连续过快收缩而放松不够。

（4）疲劳：肌肉中会有大量乳酸堆积，乳酸刺激引起肌肉收缩。

四、接　　球

接球是踢球者利用合理身体部位将来球停挡在自身控制范围之内的技术。

一般采用的接球部位有脚内侧、脚掌、胸部、大腿、脚背外侧、脚背正面及腹部等。任何接球技术都包括判断落点、移动、接球和接球后控制四个过程。

（1）脚内侧接球：接地滚球时，支撑脚正对来球，膝微屈，停球腿屈膝外转，脚尖稍翘，主动迎球，在脚内侧与球接触前的瞬间，后撤缓冲，将球控制便于接下一个动作。当用脚内侧接空中球时，接球腿应根据来球速度提腿前迎，脚内侧与球接触前的瞬间，后撤缓冲，接球到位（图 5-12）。

（2）脚掌接反弹球：接球时，支撑脚落于球的侧后方，在球落地反弹的一刹那，伸腿，接球脚前脚掌对准球的反弹路线，盖压球的后上方部（图 5-13）。

图 5-12　脚内侧接球

图 5-13　脚掌接反弹球

（3）脚背外侧接反弹球：接球者面对来球，支撑腿膝稍屈。接球腿屈膝，脚尖内扣，脚背绷紧，以脚外侧触击球的侧后方，将球推运至身体的侧方、侧后方。

（4）大腿正面接球：面对来球，接球腿大腿抬起，以大腿正面中部接球。在大腿正面与球接触的一刹那，大腿迅速后撤缓冲，接球到位（图 5-14）。

图 5-14　大腿正面接球

（5）胸部接球：接高于胸部下落的球，用挺胸接球；接胸部高度球时，挺直身体，球重心落于两脚之间，膝微屈，胸部接球的刹那，应挺胸收腹，上体稍后仰，以胸部触球后接球到位。收胸接球，当胸部与球接触的刹那，重心迅速后移，含胸收腹，以胸部下压挡球后接球到位（图 5-15）。

胸部面积大，有弹性，位置高，能停高球和平行球。胸部停球分收胸停球和挺胸停球两种。收胸停

图 5-15　胸部接球

球一般用来停胸部高度的平直球，停球时两脚前后开立，面对来球，两臂自然张开，挺胸迎球，当球与胸部接触的刹那，迅速收胸、收腹，缓冲来球力量。把球停在所需位置。

链 接

运动负荷过大，导致机体功能紊乱或致机体出现病理状态即为过度训练综合征。

挺胸停球一般用于停高于胸部的下落球，停球前姿势基本与收胸停球相似，当球运行到胸部将要接触球前，挺胸、展腹。当球接触胸部时，上体稍后仰以缓冲来球力量，将球停在所需位置。

五、头　顶　球

头顶球是踢球者一般采用前额头正面或侧面顶球的技术，也有采用头顶或头后顶球的。下面主要介绍前额正面顶球。

（1）前额正面原地头顶球：正对来球，两腿前后开立，膝微屈，上体后倾，重心落于后脚，双臂自然展开，目视来球方向，腰腹伸展，颈部紧张。球来时，身体迅速前移，以前额正面击球后中部，上体随球前移（图 5-16）。

图 5-16　前额正面原地头顶球

（2）前额正面跳起头顶球：起跳时，双脚用力蹬地，两臂自然上摆，身体在上升时，挺胸收腹，目视来球方向，当身体上升到最高点，准备顶球时，身体成背弓，当球位于身体的垂直面刹那，腰腹张开，上体收腹前摆，以前额正面击球，随后屈膝缓冲落地。

六、抢　截　球

抢截球的目的是把对手控制的球夺过来转守为攻，包括抢球和截球。

（一）抢球

抢球是用规则所允许的条件和动作，把对方控制的球夺过来、踢出或破坏掉。

1. 正面跨步抢球　是正面抢球的方法之一。其动作要领：两脚前后开立，两膝微屈，身体重心下降并放在两脚之间，面对对手，在对手运球脚触球后即将着地或刚着地时，支撑脚用力后蹬，抢球脚内侧对着球跨出，膝关节屈曲，上体前倾，重心移至抢球脚上，另一脚立即前跨。如双方的脚同时触球，则顺势向上提拉，使球从对方脚背滚过。如离球稍远则可用脚尖捅抢。

2. 侧面合理冲撞抢球　是与运球者平行跑动或从后面追成平行时采用的方法。其动作要领：当与对手并肩跑动时，身体重心稍下降，同对手接触一侧的手臂要紧贴身体。当对手靠近自己一侧的脚离地时，用肘关节以上部位，冲撞对手相应部位，使其身体失去平衡，而乘机将球抢过来。

（二）截球

截球就是把对方队员相互间的战术性传球堵截住或破坏掉。截球的方法大致有堵截、顶截、铲截等。在比赛中运动员常常根据需要将截球与发动进攻有机地结合在一起，截传技术已成为足球运动中应用最积极的技术。

七、掷 界 外 球

掷界外球是将越出边界线而出界的球，按照规则规定用手将球掷入场内，使比赛得以继续进行的一项技术。

（1）原地掷界外球：面对场内，双手举球于头后，经头顶用一个连贯的动作将球掷入场内，双脚均不得全部离地（图 5-17）。

图 5-17　原地掷界外球

（2）助跑掷界外球：面向场地内方向跑几步，当接近边线时双手举球于头后，借助跑的速度，把球从头上方掷于场内，双脚均不得全部离地。

八、守门员技术

守门员是全队的最后一道防线，主要任务就是不让球射进大门。守门员技术包括判断、准备姿势、移动、接球、拳击球、拖球、运球、掷球和踢球等。

（1）单腿跪撑接地滚球或低平球：正对来球，两腿开立，支撑腿弯曲，支撑身体重心，另一腿内转跪撑，膝关节接近地面并靠近前脚跟，上体前屈，双臂下垂，两手掌对球，当稍向前迎，在手触球的一刹那，两手随球引后，并屈肘、屈腕、双臂紧靠，抱球于胸前后起立（图 5-18）。

（2）接迎面球：正对来球，两脚左右开立，上体稍前倾，两臂下垂并屈肘前倾，两手小指靠近手掌对球，当手触球时，屈肘后抱球于胸前（图 5-19）。

（3）接高球：确定接球点后，迅速移动跳起，双臂上升迎球，双手拇指呈“八”字形，手指微屈，手掌对球，手触球时，手腕及手指用力将球接住，注意手形，顺势屈肘，双手回手下引，转腕，抱球于胸前（图 5-20，图 5-21）。

图 5-18　单腿跪撑接地滚球或低平球

图 5-19　接迎面球

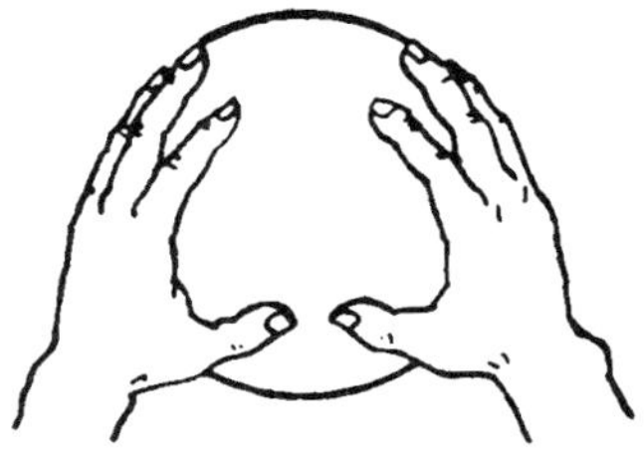

图 5-20　接高球手形

图 5-21　接高球

第二节　足球基本战术

足球战术是比赛攻守过程中,为了战胜对手,根据主客观的实际所采取的个人和集体配合手段的综合表现。足球战术主要包括比赛阵形、进攻战术及防守战术等。

一、比赛阵形

比赛阵形是为了适应攻守战术的需要,上场队员的攻守力量、职责分工及位置排列。在目前情况下大多采用:“4-2-4”“4-3-3”“4-1-2-3”和“4-4-2”阵形(图 5-22)。

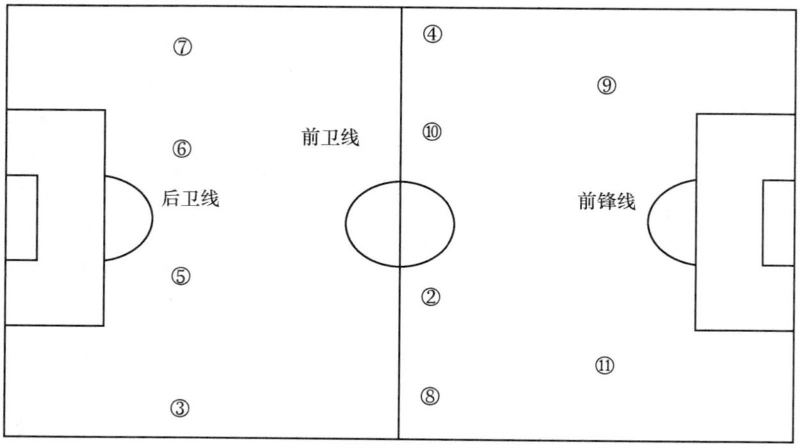

图 5-22　“4-4-2”阵形

二、进攻战术

传切配合是控球队员传给切入的队员做配合,是局部进攻中最直接、最常用的方法,主要包括斜传直插、直传斜插。

(1) 斜传直插:11 号进攻队员将球斜传给直插上的 18 号队员,越过 10 号防守身边的空当(图 5-23)。

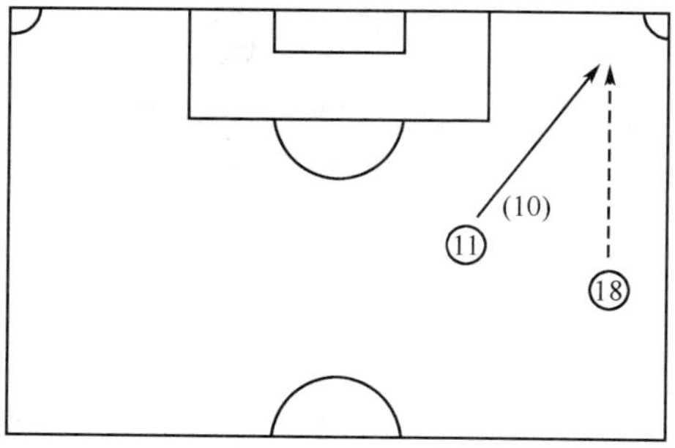

图 5-23　斜传直插配合

(2) 直传斜插:8 号进攻队员将球直传给斜插上的越过 9 号防守身后的 20 号队员(图 5-24)。

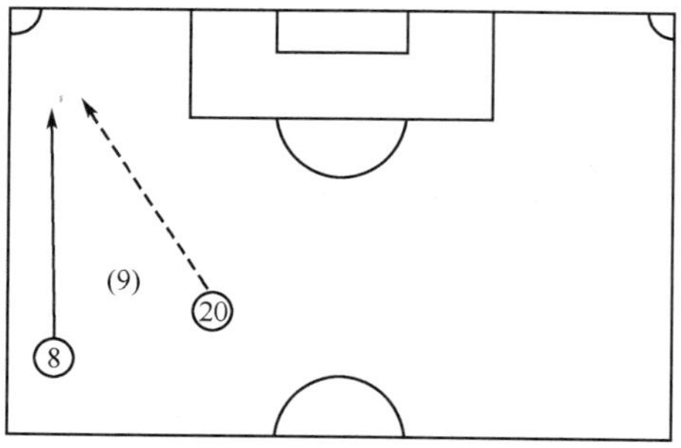

图 5-24　直传斜插配合

三、防守战术

防守战术是在比赛中为阻止对方进攻而采取的个人防守和个人与集体配合的方法。

(1) 个人防守战术:为了延缓、控制对手的进攻所采取的个人战术行动,主要包括位置的选择、盯人、抢断等。

(2) 局部防守战术:是两人或两人以上防守队员之间的配合方法。基本配合的形式有保护、补位、围抢等。在比赛中保护、补位、围抢是同伴之间相互协作,弥补、组织和破坏对方进攻的团队战术,可以效地在局部瓦解对方控球队员进攻的意志,变被动为主动,激发同伴的积极性。

常用的防守战术包括区域防守、紧逼盯人防守、反越位防守等。但任何防守战术都是建立在个人良好防守和及时补位防守的基础上。

第三节 足球比赛规则

一、比赛场地

球场呈方形,世界大赛的标准场地是长100~110m,宽64~75m,场地各条线宽度不超过12cm。

二、足 球

现代足球比赛用球特点:球重量轻、球速快。大赛中用球都是由指定商家生产、经国际足球联合会认可。

三、队员人数

(1) 上场比赛双方队员人数不得少于7人、多于11人,且一人必须是守门员。

(2) 未经裁判员同意,任何队员不得上场或下场。

四、裁 判 员

主裁判员是比赛场上的“法官”,他的决定为当时比赛最终决定,其任务如下:

(1) 执行规则。

(2) 检查球员装备。

(3) 掌握比赛时间。

(4) 决定比赛暂停和重新开始。

(5) 按比赛规则处罚犯规队员。

(6) 控制好比赛局面。

链 接

足球裁判员分为五级:国家三级、国家二级、国家一级、国家级、国际级。

五、助理裁判员

比赛中的两名助理裁判员,协助主裁判员执法,其任务如下:

(1) 指示球出界。

(2) 指示掷界外球、角球和球门球。

(3) 指示越位犯规。

(4) 指示主裁判员没有发现的队员的犯规情况。

(5) 指示球已进球门。

六、比赛时间

(1) 比赛分上、下半场,每半场45min,中间休息15min。

(2) 必须补救因队员受伤或罚点球而耽误的时间。

七、比赛开始

(1) 开始是比赛开始和重新开始的一种方式。

(2) 开始可以直接得分。

(3) 当球被踢向对方半场并滚动一周后,比赛即为开始。

(4) 开球队员未经其他队员触球前不得再次触球。

八、比赛进行及死球

(1) 下列情况为比赛进行:①球从球门柱、横梁或角旗杆及比赛场上的主裁判员身上弹回场内;②其他正常情况下。

(2) 下列情况下比赛成死球:①当球从地面或空中全部越过球门线或边线时;②当比赛被裁判停止时。

九、计胜方法

凡球从两门柱间及横梁下完全超过球门线。而此前未违反竞赛规则,即为进球得分,进球多者为胜方,若双方进球数等同或比分为“零比零”,计分相同。

十、越 位

(1) 越位位置:当进攻队员在踢球或顶球(触球)的刹那,同队队员在守防半场内,所站位置处在球的前面和端线之间,而守方不足两人时,判越位,下列情况除外。①其在本队的半场内。②有两名或两名以上对方队员比其更靠近球门线。③其接到球门球、角球、掷界外球。

(2) 处于越位位置的队员。遇下列情况判犯规:①干扰比赛;②干扰对方;③利用越位获得利益。

十一、犯规与不正当行为

(1) 下列情况将被判犯规并罚直接任意球,在比赛中无论在什么位置,如果队员在本方罚球区内犯规,应被判罚点球:①踢或企图踢对方队员;②绊摔或企图绊摔对方队员;③不合理地冲撞对方队员;④打或企图打对方队员;⑤推、拉对方队员;⑥向对方队员吐唾沫;⑦任意手球(不包括守门员和本方发球区内的情况)。

(2) 下列情况被判罚犯规并判罚直接任意球:

①动作具有危险性；②阻挡对方队员；③守门员在本方罚球区内控制球不向前；④守门员在本方罚球区内发出球以后未经其他队员触球，再次用手触球；⑤守门员在本方罚球区内用手触及同队队员；⑥守门员在本方发球区内用手触及同队队员直接置入的界外球；⑦守门员在本方发球区内拖延时间。

链 接

从国际足坛发展的趋势看，只有抓好青少年后备人才的建设，才能在未来的国际足坛中占有一席之地。青少年足球运动员的发展首先要符合教育规律，从年龄来讲，青少年足球运动员正处于接受文化教育的阶段，他们是在接受文化教育的同时接受足球运动教育。提高足球训练科学性，一方面取决于教练员的科学训练手段、训练方法；另一方面也取决于运动员的悟性、感觉能力和创造性。而这些在很大程度上依赖于运动员的文化水平，运动员非常需要智力支持，这也是造就一支高水平队伍的重要因素之一。队员有相应的文化素质，才能正确领会，全面贯彻教练的意图；才能审时度势，把握战机；才能随机应变，临危不乱；才能知己知彼，扬长避短。足球技术动作、战术意识不仅需要先天的智力，更主要的是要求运动员具备一定的科学文化知识，去对技术动作、战术意识进行学习理解和掌握，并在实践中灵活地运用。特别是足球运动发展到今天，已不再是单纯的身体运动，而是具有综合性学科的复杂思维的活动过程，是力与智的综合。因此，足球运动员如果没有相应的文化素质，不具备较宽的知识面和丰富的文化知识，只靠对技术动作、战术意识进行简单堆砌和机械模仿，是很难适应现代足球发展的。运动员文化素质整体水平的提高，有助于其运动成绩的提高，要达到运动的高水平必须具备相应层次的文化素质。

思考题

1. 简述运球技术的基本要领。
2. 足球战术包括哪些内容？
3. 简述足球比赛的规则。

第六章

乒乓球和羽毛球运动

第一节　概　　述

一、乒乓球运动的起源与发展

现在世界级的乒乓球赛有世界乒乓球锦标赛（简称世乒赛）、世界杯赛、奥运会三大赛事，其中世乒赛的影响力最大。

大约在1890年，几位英国人偶然发觉在一张不大的台子上玩网球颇为刺激。后来他们改用空心小皮球代替弹性不大的实心球，并用木板代替了网拍，在桌子上进行这种新颖的“网球赛”，这就是 table tennis 名字的由来。table tennis 出现不久，便成了一种风靡一时的热门运动。20世纪初，美国开始成套地生产此用具。后来，一位名叫查尔斯·巴克斯特的英国人以乒乓球撞击时所发出的声音将其命名为 ping-pong 这个词，并作为专利注册了商标。随后美国人海亚特在此基础上稍加改进，发明了塑料空心玩具球，其弹跳力很强，将其逐步在世界各地推广起来，即我们今日的乒乓球。

1926年英国伦敦举行了第1届欧洲乒乓球锦标赛。其间，又召开了第1次国际乒乓球联合会全体代表大会，会上通过了正式成立国际乒乓球联合会（国际乒联）的决议和国际乒联的章程以及比赛规则，选出了领导机构成员，并将欧洲锦标赛更名为第1届世界乒乓球锦标赛。自1926年，世界乒乓球锦标赛每年举行1次。

1988年汉城奥运会，乒乓球首次进入奥运会比赛项目大家庭，共设男、女单打和男、女双打4个单项比赛。1996年亚特兰大奥运会，中国包揽了全部4金。2000年9月悉尼奥运会，中国队再次包揽4枚金牌。在连续五届奥运会中，中国乒乓球队夺得了16枚奥运会金牌。中国乒乓球队以辉煌的战绩，向世人展示了乒乓球王国的风范。

二、羽毛球运动的起源与发展

羽毛球运动是由古代的毽球游戏逐渐演变而来的。现有的资料表明，现代羽毛球运动起源于印度，形成于英国。19世纪60年代，一批英国人把印度的“普那”——一种近似于后来的羽毛球运动的游戏带回英国，并加以改进，逐渐成为现代的羽毛球运动。英国于1893年创立了羽毛球协会，1899年举行了第一届全英羽毛球锦标赛，1934年世界羽毛球联合会（世界羽联）成立，并确定羽毛球竞赛规则。目前世界羽联共有会员近200个，它是国际奥林匹克运动委员会下属的一个单项体育运动组织。从1992年起，羽毛球运动被列为夏季奥运会的正式比赛项目。

当前，世界上各类羽毛球赛事频繁，其中主要的赛事有下列8种：①汤姆斯杯世界男子羽毛球团体锦标赛；②尤伯杯世界女子羽毛球团体赛；③苏迪曼杯世界羽毛球混合团体锦标赛；④世界羽毛球锦标赛单项比赛；⑤世界杯羽毛球赛单项比赛；⑥世界羽毛球大奖总决赛单项比赛；⑦世界青少年羽毛球锦标赛；⑧奥林匹克运动会羽毛球比赛。

三、乒乓球与羽毛球运动的特点

乒乓球与羽毛球运动的特点是球小、速度快、变化多、落点准、趣味性强、具有较强的观赏价值。设备条件比较简单，不受参加者年龄、性别和身体条件的限制。经常参加乒乓球或羽毛球运动，可以提高人的灵活性、协调性和快速反应能力，改善人体心血管系统功能和大脑神经系统功能，有利于培养人的机智、果断、沉着冷静、进取等优秀品质。

第二节　基本技术与练习方法

一、乒乓球的技术与练习方法

（一）基本术语

1. 基本姿势　两脚开立与肩同宽或比肩稍宽，两膝微屈，前脚掌着地（主要以脚内侧蹬地），脚趾轻微用力压地，脚跟微离地面，重心置于两脚之间，上体略前倾、收腹，持拍手臂自然弯曲，直握拍的肘部略向外张，球拍置于腹部右前方，手腕自然放松，拍头指向右斜前方，横握拍的肘部向下，前臂自然平举，手腕自然放松，拍头指向上方，非持拍手臂自然弯曲于身体一侧，两眼注视来球。

2. 站位　乒乓球运动员根据各自的打法，在比赛时选择的基本站立位置，有近台（身体离台 30～50cm）、中台（离台 50～70cm）、远台（离台 1m 以上）等。

3. 握拍法

（1）直拍快攻型握法：以示指第二关节和拇指第一关节扣压拍面，虎口贴住拍柄。其他三指自然弯曲重叠，中指第一关节顶在后中线处（图 6-1）。

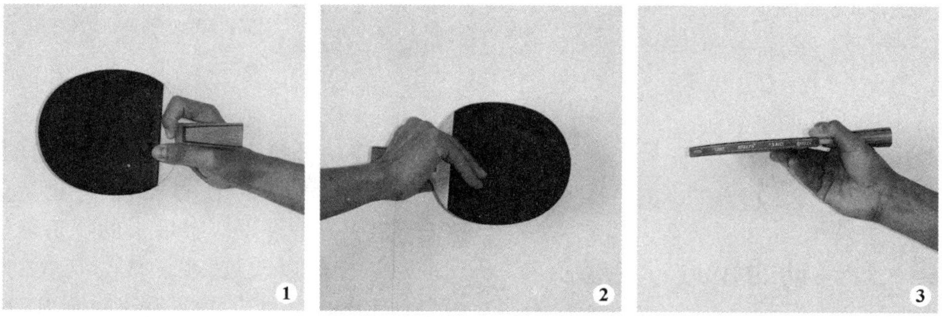

图 6-1　直拍快攻型握法

（2）横拍握位：分为浅握和深握。浅握是以中指、环指、小拇指自然地握住拍柄，大拇指在球拍的正面轻贴在中指旁边，示指自然伸直斜放于球拍的背面，虎口处轻微贴拍。深握是以中指、环指、小拇指自然地握住拍柄，大拇指在球拍的正面轻贴在拍面上，示指与大拇指水平放置，虎口处紧贴球拍（图 6-2）。

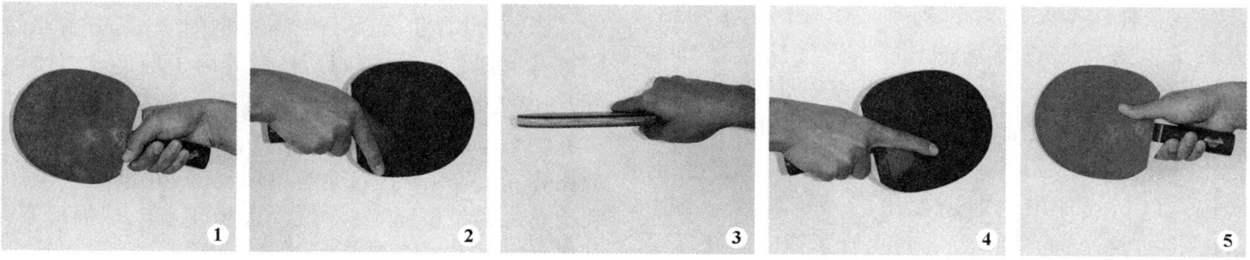

图 6-2　横拍握位

4. 拍形　拍形包括拍面角度和拍面方向。拍面角度指球拍触球时拍面与球台表面及其延长线之间的角度，可分为前倾、稍前倾、垂直、稍后仰、后仰。拍面方向指击球者手中球拍面朝对方台面的方向。

5. 击球时间　击球时间指击球时球拍触球的时间。从球的着台点至触及地面为止，球的运行路线可分为上升前期、上升后期、高点期、下降前期及下降后期。

6. 击球路线　击球路线指球在台面上空飞行的俯视角度的投影线。按击球位置可分为左方斜线、左方直线、中路直线、右方直线和右方斜线。

7. 击球的部位　击球的部位指击球时球拍触及球体的某一部位。分为上部、中部、中上部、中下部及下部等五个部位。

链 接

首先要选择的是握法，一般来说握法分为直拍和横拍两种。乒乓球产生时欧洲人仿效网球拍的握法，多采用横拍；后来乒乓球运动发展到亚洲，产生了直握球拍。据说横拍、直拍的不同是由欧亚人不同的饮食习惯决定的，欧洲人餐具多为刀叉，喜欢横握；亚洲人使筷子的较多，习惯直握。这种说法不无道理，但是球拍的选择和打法、身体条件等因素密切相关。欧洲选手人高马大，身体移动范围大，中远台站位优势明显，选择横拍可以大刀阔斧地进攻，发挥力量型的长处。而以中国人为代表的亚洲选手一般个子不高，护台面积小，中远台移动不如欧洲选手范围大。但亚洲人反应快，尤其是台内处理小球快捷多变，选择直拍能有效地发挥其变化多、腕部动作灵活等长处。

（二）步法

步法是乒乓球运动中运用最多的基本技术，步法移动也是接好发球的关键，比赛中，判断清楚对方来球的速度、落点和旋转之后，第一时间正确作出步法的选择与移动，才能找到接发球的有利位置，由于来球的落点不断变化，要准确地还击每个来球，除必须具备快速的反应能力和良好的身体素质之外，还需要正确、灵活的步法。

1. 基本步法

（1）单步

1）移动方法：以一只脚为轴，另一只脚向前、后、左、右不同方向移动，身体重心随之落在移动脚上。

2）实际运用于：①接近网小球；②削追身球；③单步侧身攻用于来球落点位于中线稍偏左以及对搓中提拉球时。

（2）跨步

1）移动方法：一脚蹬地，另一脚向移动方向跨一大步，蹬地脚随后跟上半步或一小步，身体重心即移到跨步脚上。

2）实际运用于：①近台快攻打法，用来对付离身体稍远的来球；②削球打法，左、右移动击球；③跨步侧身攻，当来球速度较慢，但离身体稍远时，左脚向左前上方跨一大步，右脚随即跟上一小步，同时配合腰部右转动作，完成侧身移动。

（3）并步

1）移动方法：一脚先向另一脚并半步或一小步，另一脚在并步脚落地后随即向来球方向移动一步。

2）实际运用于：①快攻选手在左右移动中攻或拉球；②削球选手正反手削球；③并步侧身攻，多用于拉削球，右脚先向左脚后并一步，以便转体，随之左脚向侧跨一步。

（4）跳步

1）移动方法：以来球异侧脚用力蹬地，两脚同时离地向来球方向跳动。

2）实际运用于：①快攻选手左右移动击球，常与跨步结合起来使用；②弧圈类打法由中台向左、右移动时常用；③跳步侧身攻或拉，但在空中需完成转腰动作；④削球选手在接突击球时常采用，但以小跳步来调整站位用得较多。

（5）交叉步

1）移动方法：以靠近来球方向的脚作为支撑脚，该脚的脚尖调整指向移动方向，远离来球方向的脚在体前交叉，向来球方向跨出一大步，身体随之向来球方向转动，支撑脚跟着向来球方向再迈一步，这是前交叉步。后交叉步是在体后完成交叉动作。

2）实际运用于：①快攻或弧圈打法在侧身攻、拉后扑打右角空档，或从右大角引拍击球突变反手击球；②在走动中拉削球；③削球打法接短球或突然削球回击。

（6）小碎步：较高频率的小垫步，主要适用于步法的调节，在移动到一定位置时还没找到合适的击球点，就要通过小碎步来调整，争取更好的击球点。小碎步是尤为重要的步法，也是衡量步法是否合理的一个重要因素。

2. 基本步法练习方法

（1）反复做站位和步法的模仿练习。

（2）移动时，可根据来球的方向做相应随球步法的练习。

（3）两人一组，可根据来球方向做相应随球步法的练习。

（三）发球

发球时，不受对方的制约，可以选择自己最适合的站位，按照自己的意图，把球发到对方球台的任何位置上去，先发制人，直接得分或为自己的进攻创造有利条件。

1. 发球技术

（1）平击发球：发球时持球手将球轻轻抛起，同时持拍手（右手为持拍手）向后引拍，当球从高点下降到低于球网，持拍手以肘部为轴心，前臂向右前方横摆击球，向前挥拍时，拍面前倾，击球中上部。击球后第一落点在球台的中区。

（2）正手发下旋加转球与不转球：发下旋加转球时，左脚在前，右肩侧对球台，持球向上抛球，同时，持拍手臂将拍引至后上方略比肩高，肘部后移，带动手腕旋内，球拍呈横向拍面垂直，身体重心后移。当球回落时，肘关节加速运动，前臂带动手腕猛然加力旋外，在胸腹前偏右一前臂距离处，拍形后仰用球拍下部靠左的部位，触球正后位底部，加大力臂摩擦球体，击球后，随势将身体重心移至前脚。“切”球越薄，发球越转。

发不转球与发下旋加转球的主要区别在于前者用球拍触球瞬间，突然减慢手臂前进速度，并减小拍形后仰角度，用球拍中部偏右的地方去碰撞球的中下部，使作用力接近球心，由于力臂小造成力矩小，旋转不明显或成不转球。

2. 发球练习方法

（1）反复练习将球抛起后再击球，以防犯规。

（2）模仿练习，发多球练习。

（3）两人一组，一人发球，一人进行接发球练习。

（四）接发球

首先，必须根据对方发球的位置来决定自己的位置，然后注意对方发球时挥臂动作和球拍移动方向，根据对方发球时摆臂振幅大小和手腕用力的不同程度来判断来球落点的远近和旋转强弱。根据来球的飞行弧线和速度来判断旋转性能。接发球的方法一般是由点、拨、拉、搓、削、摆、扑、撒及侧等技术组成。接发球和发球常结合在一起进行练习，通常从简单的固定旋转和落点开始，然后过渡到复杂综合的发球与接发球。

链 接

在比赛中，对乒乓球运动员的反应要求很高，最高球速达到 20m/s，也就是说，对方攻出的快球，只需要 0.15s 左右的时间就直达本方台面，所以要求运动员具有敏捷的反应能力。

（五）推挡球

推挡球是乒乓球技术中的基本技术之一，其特点是站位近、动作小及变化多。推挡球包括挡球、快推、快拨、加力推、减力推及推下旋。

1. 推挡球技术

（1）快推：站位靠近球台，击球时，小臂前推，手腕外旋，示指压拍，拇指放松，使拍前倾，在球上升期击球中上部（图 6-3）。

（2）加力推：站位为离台 30～40cm 左半台，小臂后收，使球拍稍提高。推球的上升后期或高点期，击球中上部（图 6-4）。

（3）减力推：在触球瞬间，球拍前移的动作骤然停止，也可将球拍稍微后移，以减弱来球的发弹力（图 6-5）。

2. 推挡球练习方法　模仿推挡球动作，体会动作要点。

图 6-3　快推

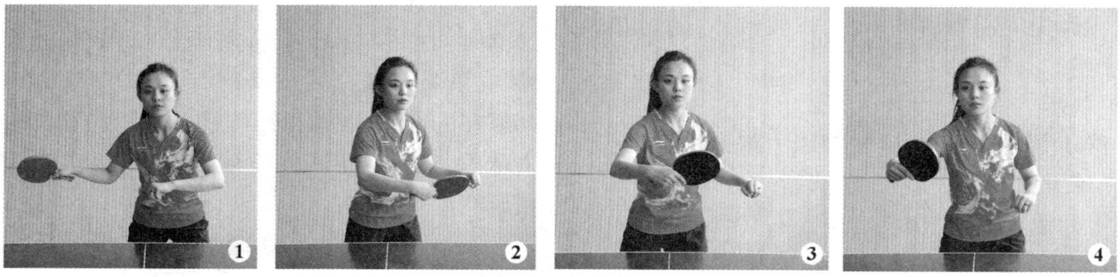

图 6-4　加力推

图 6-5　减力推

（1）对墙做推挡球练习。

（2）两人在球台上对练挡球，不限落点，只练动作。

（3）两人在台上先练挡中线再练挡斜线。

（4）两人在台上加速打球，体会快推。

（5）一人加力推，另一人减力推。

（六）攻球

攻球是乒乓球的一项重要技术，也是得分的重要手段，按身体方位有正手攻球、反手攻球、直拍反面攻球及侧身攻球等，按站位有近台快攻，中台快攻，远台快抽、拉抽、扫抽、扣杀等。

1. 攻球技术

（1）正手攻球。正手攻球又称近台快抽，特点是站位近、动作小、球速快，是乒乓球运动攻球技术的一种。正手攻球的动作要点：击球前，左脚稍在前站立，身体离台约 50cm；当来球将落至台面时，前臂外展将球拍后引至身体右侧稍后；当来球从台面弹起时，上臂带动前臂向左前上方快速挥动，并配合前臂内旋的动作使拍面前倾，在上升期击球的中上部；击球过程中，身体重心从右脚移至左脚，以腰部带动上臂，上臂带动前臂。击球后将球拍继续挥至头部高度，然后迅速还原成击球前的准备姿势（图 6-6）。

图 6-6　正手攻球

图 6-7　反手攻球

（2）反手攻球。站位为近台，右脚稍前。引拍时，前臂与台面平行，将球拍引至腹前偏左位置。击球时，前臂旋外向右前上方挥动，手腕同时配合做伸和旋外转腕的动作，拍面前倾，上升期击球的中上部，击球后，随势将球拍挥至右肩前，身体重心从左脚移至右脚（图 6-7）。

（3）正手快拉球。站位比快攻稍远，击球前，整个手臂放松，前臂略下沉，拉球时，以前臂发力为主，在来球高点期或下降期，手腕同时向前向上用力转动球拍摩擦来球，制造上旋弧线。拉球时，要判断好来球下旋程度，调整用力大小和方向，调节拍面角度和触球部位（图 6-8）。

图 6-8　正手快拉球

2. 攻球练习方法

（1）持拍模仿练习，反复体会动作要领，建立正确的技术动作概念。

（2）腰部转动和身体重心转移练习。近台正反手快攻采用快速、小幅度姿势，正手快拉须把上臂、手腕、腰、腿的力量协调地集中在一刹那摩擦，动作稍大。

（3）结合所学步法在移动中模仿攻球、拉球练习。

（4）对着挡板自抛自拉。

（5）接同伴固定球，攻打一板后重新再接。快拉时，接同伴的下旋球，体会击球手法、拍形和击球部位等。

（6）在推挡练习时，进行攻球练习。

（七）搓球

搓球是近台还击下旋球的一种基本技术，搓球可分为反手搓球和正手搓球、慢搓和快搓、搓加转球和搓不转球。

1. 搓球基本技术　站位离球台约 50cm，右脚稍前，上体竖直，身体重心居中。击球前，手臂引拍至左肩处，屈肘成 80°，手腕内收，拍面稍后仰。击球时，以肘关节为轴，前臂发力带动手腕迅速向前下方挥拍，同时伸肘，前臂和手腕略内旋，在左胸前离一个前臂的距离处，迎来球下降后期，击球中下部，并向底部摩擦。击球后，手臂肌肉放松，并随即收回还原（图 6-9）。

图 6-9　搓球

2. 搓球练习方法

（1）徒手模仿搓球动作练习，体会要领。

（2）自己向球台抛球，弹起后将球搓向对方球台。

（3）在接发球时，以相反球路使球回到对方球台。

（4）练习正反手搓球。

（八）弧圈球

弧圈球是速度与旋转相结合的一种进攻技术，20 世纪 50 年代由日本运动员首创，当时被称为弧圈形上旋球。20 世纪 70 年代在欧洲取得很大突破，形成了以弧圈球为主的打法类型，现已成为一种流行于世界的先进技术。有加转弧圈球、反手弧圈球、正手右侧弧圈球等。特点是攻击力大、使用率高及稳健性强。

1. 弧圈球技术

（1）正手拉加转弧圈球

1）动作要领：两脚分开，两膝内收微屈，重心置于前脚内侧，左脚在前，略提脚后跟，身体略右转，手腕外展，向后拉，拍形呈横立状。引拍至右后方，当来球跳至高点期或下降前期时，触球中上部或中部，腰髋带动上臂、前臂由后向前挥动，击球瞬间立即向前上方发力，右脚掌内侧用力蹬地，稍伸膝，前臂要迅速旋内收缩，协同摩擦，重心由右脚转向左脚（图 6-10）。

2）特点：又称高吊弧圈球。上旋强烈，第一弧线较高，运行速度较慢，第二弧线反弹下坠，向下滑落快，不易识别着台点及飞行轨迹，让对方掌握回球的节奏、时间、拍形增加困难，感觉对不上点、使不上劲，能直接得分或为拉前冲弧圈制造机会，通常在接发球、对削、搓、挡、攻以及接出台的下旋球时运用。

图 6-10　正手高吊弧圈球

（2）反手拉加转弧圈球

1）动作要领：站于球台偏左部位，距台约 60cm。两脚基本平站，身体重心落双脚，双膝微屈，腹内收，腰、上身略向左转，前臂置腹前自然弯曲。引拍至腹部左侧下方，肘关节略向前，屈手腕，拍下垂，拍面稍前倾，重心略位于左脚，于球下降前期触球中上部，触球瞬间脚用力蹬地，伸膝、转腹，腰髋带动上臂、前臂向前上方发力，拍撞球后摩擦，重心略上提前移并转至右脚。

2）特点：横拍反手拉弧圈球和用直拍反手拉弧圈球，是横拍和直拍横打选手独特技术之一。同正手拉加转弧圈球比较，弧线、反弹特点基本相同，但速度稍慢，力量、旋转稍小。此技术主要用于接下旋发球、发球抢拉、搓中转拉球以及对付一般的攻球和弧圈对拉球等。

（3）正手拉前冲弧圈球

1）动作要领：基本姿势同拉加转弧圈球，但身体重心稍提高。引拍时球拍与球同高或稍低于来球，上臂带动前臂向右腰部侧后展开，拍面前倾于高点期或上升后期，摩擦球的中上部，由右向左转腰带动上臂、前臂、手腕，由后向左前方发力，配合略向上摩擦，重心前移至左脚（图 6-11）。

2）特点：上旋强烈，第一飞行弧线低且长，球前进速度快，第二弧线下坠比加转弧圈球更低而快，急剧前冲向下滑落，杀伤力大，是得分的杀手锏。通常在对削、搓、中等力量攻球、接发球及半高球时运用，对方以弧圈球相持时也用以对拉、对冲。

3）注意：正手反拉前冲弧圈球时，引拍后拉幅度要小，拍面稍前倾，于上升后期高点击球，运用腰、髋、前臂发力稍多一些。此技术对于初学者比较困难，应先练好拉弧圈球的基本方法，再根据来球性能变化，调整动作、拍形、击球时间和触球部位。

图 6-11　正手拉前冲弧圈球

（4）反手拉前冲弧圈球

1）动作要领：两脚分开，右脚略前，重心置于左脚，上体略左转，手臂自然弯曲，肘关节略近身，手腕内收，引拍时前臂外旋拉向左后方，拍面前倾，球弹起于高点期或上升后期，触球中上部，腰髋由左向右前上方转动，上臂带动前臂，以前臂为主加速向前略向上摩擦，拍撞球后，手腕向前加力摩擦，重心由左脚转至右脚。

2）特点：同正手拉前冲弧圈球。

2. 弧圈球练习方法

（1）徒手做模仿拉弧圈球的动作。

（2）一人发中路出台球的下旋球，另一人练习拉弧圈球。

（3）一人推挡，另一人练习拉弧圈球。

（4）两人对搓，固定一人搓中抢拉弧圈球。

（5）一人削球，另一人练习拉弧圈球。

（6）结合其他技术练习拉弧圈球，如发球抢拉、接发球抢拉等。

二、羽毛球的技术与练习方法

羽毛球技术主要包括握拍、发球、接发球、击球及步法，每一个技术之间有着紧密的联系，缺一不可。

链 接

初学者掌握正确的握拍法很重要，握拍正确能在打球中得心应手，反之，握拍错误会导致击球费力，球击不远，球击范围也小，影响击球的质量。

（一）握拍

1. 正手握拍　技术要点：用左手拿着拍面与地面垂直的拍杆，张开右手成握手状，把拍柄握住，虎口对着拍柄窄面内侧的小棱边，使手掌小鱼际部分靠在球拍握柄底，掌心不要紧贴拍柄，有利于手腕和手指力量的发力及灵活运用（图 6-12）。

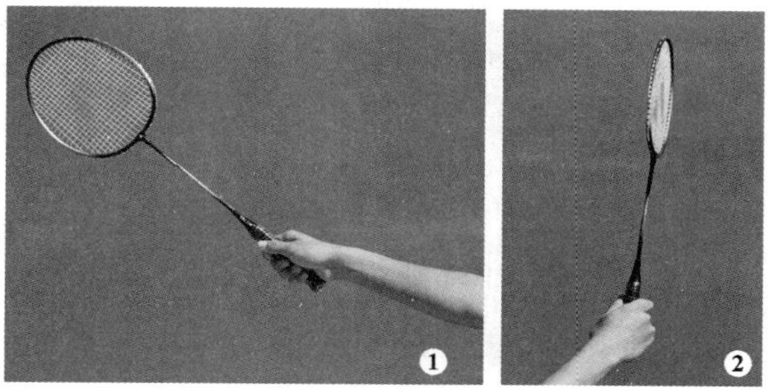

图 6-12　正手握拍

2. 反手握拍　技术要点：在正手握拍的基础上，将球拍外转，拇指直贴在拍柄宽面上，其余四指并拢，手心留有空隙（图 6-13）。

图 6-13　反手握拍

（二）发球

发球的好坏直接影响比赛的质量，羽毛球发球种类按球在空中飞行弧线分为发高远球、发平高球、发平快球、发网前球。下面着重介绍正手发高远球与发网前球。

1. 发高远球　技术要点：以右手发球为例。站在靠近中线一侧，离前发球线约 1m 的位置上，身体左肩侧对球网。左脚在前，脚尖向网，右脚在后，脚尖稍向右侧，两脚距离与肩膀同宽，身体重心放在右脚上。右手握拍向右后侧举起，肘部微屈，左手拇指、示指和中指夹住球，举在腹部右前方，然后放开球，挥拍击球，身体重心由右脚移至左脚上，发球时，在左手放开球使之下落时，右手转拍由上臂带动前臂，自右后方沿身体向前左上方挥动。当球落到右臂向前下方伸直能够接触到的刹那，紧握球拍，并利用手腕屈收的力量向前上方用力击球，然后顺势向左上方挥动缓冲(图 6-14)。

2. 发网前球　技术要点：发网前球的准备动作同发高远球。击球时，握拍要放松，上臂动作幅度要小，主要靠前臂带动手腕向前“切送”。用力要轻，拍面角度要控制好，以使发出的球尽量贴网而过并落在对方前发球线附近(图 6-15)。发网前球分为正手发网前球和反手发网前球。

图 6-14　发高远球

图 6-15　发网前球

（三）接发球

接发球是羽毛球运动一项重要的基本技术，接发球质量往往直接关系到一个回合开始的主动与被动性，应充分重视接发球技术的练习。

技术要点：左脚在前，右脚在后，侧身上网。重心放在前，膝关节微屈，后脚跟稍提起，收腹含胸，注视对方发球的动作。双打站在靠前发球线的一方，比单打更有讲究，有一般站位法、抢击站位法、稳妥站位法、特殊站位法。单打站位离前发球线约 1.5m，在右区站在靠近中线位置，在左区则站在中线与边线的中间位置上。

（四）后场高空击球

技术要点（以右手持拍为例）：左脚在前，右脚在后，两脚与肩同宽，身体侧向球网，重心在后脚上，左手自然上举，眼睛注视来球方向。正手握球拍，屈臂举于右侧，拍头位于额头上方。

持拍手上臂随着身体向左转，稍作回环上举，身体充分伸展呈“背躬”状。肘关节向上，拍头下垂，做“挠背”动作。

持拍手上臂上举，前臂急速旋内，同时顺着原来的回环动作继续向前上方挥动，手腕向屈收方向继续做回环动作，手指屈指发力握紧拍子，以正拍面击球托的后下部。击球瞬间，持拍手臂自然伸直。击球点在右肩上方，左手协调屈臂降至体侧协助转体。

身体随惯性向左侧转体，右脚随身体重心前移并向前跨步。右手向左下方挥拍至身体左侧腋下，球拍减速后顺势收回至体前，还原成松握球拍。

后场高空击球也称后场上手击球，即在尽可能高的击球点上，还击对方向底线击来的高球。它具有主动性强、击球力量大等特点，可以牵制对方，以便寻找最佳时机，进行攻击，当一方处于被动时，利用后场高空击球可以迅速调整自己的位置，由被动转为主动。

1. 高远球　技术要点：判断来球方向和落点后，侧身后退至球下，左肩对网，重心在右脚上。右手持拍，手臂自然弯曲举至右肩上方。击球时，上臂后引，随之肘关节上提，明显高于肩部，持拍引至头后，自然伸腕，然后在后脚蹬地、转体和腰腹协调用力下，以肩为轴、上臂带动前臂快速向前上方甩腕，在手臂伸直的最高点击球。随后球拍顺惯性往前下方挥动并收拍于体前。与此同时，左脚后撤，右脚向前迈出（图 6-16）。

2. 吊球　可用正手、反手、头顶击球技术来完成。初学者首先要学好正手上手吊球，然后再学反手及头顶吊球技术。吊球可分为正手吊球、反手吊球、头顶击球。

图 6-16　高远球

图 6-17　吊球

技术要点：击球前其动作同正手击高远球一样。吊球时，拍面正面向内倾斜，手腕做快速切削下压动作，用力要轻。若吊斜线球，则球拍切削球托的右侧（图 6-17）。

3. 杀球（图 6-18）

（1）原地侧身杀球（最易学的）：杀球动作和高远球很相似，建立在熟练掌握高远球技术的基础上，同时也是下压动作的加强版。高远球的动作+下压的手法组成了原地侧身杀球技术。引拍时，身体的重心由左脚后移至右脚，右肘向上顶，右臂贴近球拍，随着抬肘动作自然向身后引伸。抬起上臂靠近右耳，肘尖指向击球点方向，双眼注视来球。击球时，前臂内旋，腕前屈微收，闪腕发力击球，击球点在右肩前上方，随着转体右脚蹬地，重心由右脚过渡到左脚上。击球后，动作自然放松，球拍挥向身体左下方，并迅速回动，准备击下一拍球。

（2）头顶杀球（难度较高）：头顶杀球是业余运动员在反手后场区进攻的主要手段，它弥补了反手击球力量不足的弱点。头顶杀球的准备姿势和击球动作与头顶击高远球的技术基本相同，不同的是，在击球时要充分利用腰腹力量，以前臂带动手腕快速下扣。头顶杀直线球时，挥拍的方向朝着身体的对侧；杀斜线球时，球拍经过头顶向持拍手同侧挥动。

（3）突击杀球（对爆发力要求高）：这种杀球主要运用于一步起跳就能够到的位置，能够迅速截杀对手的球，不给对手过多的反应时间，对身体的瞬间爆发力要求较高。击球时侧身，右腿后退一步准备起跳，前臂全速向上摆动，手腕由后伸经前臂内旋至屈收，同时紧握球拍，压腕产生爆发力，高速向下击球，通常以点杀为主。突击杀球后，右脚在右侧着地，屈膝缓冲，重心在右脚，右脚在右侧着地后，利用左脚蹬地向中心位置回移。

（4）双脚杀球（难度最高）：双脚杀球技术和原地杀球技术的区别在于，后者在前者动作结构上多了一个双脚的动作，高点击球可以获得更大面积的落点区域。在脚步到位后，屈膝降低重心，准备蓄力起跳，当侧身起跳时，向右上方提肩带动上臂、前臂和球拍，以便向上带动身体；在起跳后，身体后仰挺胸呈反弓形，接着右上臂向右后上方摆起，前臂自然后摆，手腕后伸，前臂带动球拍由上向后下挥拍，此时握拍要松，随后，腾空转体收腹带动右上臂向右上方摆起，肘部领先，前臂全速向上挥动，带动球拍快速向前挥动。从整体动作来看，完成双脚杀球技术有明显的起跳、腾空、落地的身体姿态，因此如何完成空中动作才是双脚杀球的精髓。

以上 4 种杀球，第一种适合绝大多数的人，后面 3 种可以视自身情况选择性学习。

图 6-18　正手杀球

图 6-19　前场网前击球（正手搓球）

技术要点：准备姿势和击球动作与正手击高远球一样，不同的是最后用力的方向朝下，而且充分利用蹬地、转体、收腹以及手臂和手腕的爆发力全力将球向下击出。击球的一刹那要紧握球拍。

（五）前场网前击球

网前球是调动对方、寻找战机的重要手段。因它的技术动作精细，运用力量要控制适度。

技术要点：网前球分正手搓球与反手搓球两种，球的路线有直线和对角线。正手搓球其动作要领如下：右脚在前，左脚在后，两脚的距离比肩略宽，右手腕握拍，自然将球拍前举在胸前，身体向前微微倾斜、收腹。搓球时，击球瞬间，前臂外旋，手腕由后伸至稍前，使球拍在手腕和手指的用力下，搓切来球的右下底部，将球旋转翻滚过网（图 6-19）。

（六）羽毛球练习方法

1. 发球

（1）发高远球。练习方法：①挥拍练习。模仿发球动作，做挥拍练习。②对发练习。两人一组，隔网相站做对发高远球练习。③准确性练习。在对方后场画出圆圈，将球发至圈内，并可逐步缩小圆圈与变换位置。

（2）发网前球。练习方法基本同发高远球。另可结合搓球进行练习，以提高发网前球的实战效果。

2. 后场高空击球

（1）高远球。练习方法：①挥拍练习。按技术要点反复做挥拍练习，有条件的，可用网球来做挥拍练习。②空中悬球练习。用一细绳将球固定在适当位置，反复做击球练习。③多球练习。准备一筐球，一人发球，一人练习拉高球，两人交替练习。④原地对打练习。两人站在各自场地区域底线附近，先练习直线对打，再练对角线对打。⑤一人固定，一人前后移动练习。一人在底线固定位置击出高球，另一人则回击高球后从底线回到中心位置，再退到底线固定位置，还击对方打来的高球。

（2）吊球。练习方法：①多球练习。准备一筐球，一人发高远球，一人站在后场练习吊球，重复多次。②定点吊斜线球。练习者固定站在后场底线，用正手吊球技术将球吊至对方网前，对方将球挑回练习者的后场，如此反复练习。③练习者在后场底线吊球后，移动到中心位置，反复多次练习。挑球者挑球后退回中心位置，然后再打网前球。

（3）杀球。多球练习：一人将球连续发至对方后场，练习者站在后场进行杀球练习，可有效地提高练习密度和强度。

3. 前场网前击球（搓球）　练习方法：①用多球进行正、反两个部位的搓、勾、扑球练习；②一对一站在网前，进行网前球练习；③结合上网步法，进行网前球练习。

4. 步法　主要由蹬步、跨步、腾跳步、交叉步、垫步、并步等基本步法组成了上网、后退、两侧移动和起跳腾空等综合步法。具体介绍如下。

（1）上网步法

1）上右网前：如果站位靠前，可用两步交叉步上网，若站位靠后场，则采用三步交叉跨步的移动方法，即右脚向右前方迈一小步，左脚接着前交叉迈过右脚，然后右腿顺着这一方向跨一大步到位。为了加速上网，还可采用垫步上网，即右脚向右前迈一小步后，左脚快速跟进到右脚跟后，利用左脚掌内侧后蹬，右脚向右前跨出一大步。

2）上左网前：基本方法同上右网前，方向相反。

（2）后退步法

1）正手后退右后场：后退步法一般都用侧身后退，以便于到位后挥拍击球。如果是右脚稍在前的站位，则先完成右脚后蹬、髋部右后转，成侧身站位，然后采用三步并步后退或交叉步后退。

2）正手后退左后场：步法基本同正手后退右后场，只是移动方向是向左后而已。

3）反手后退左后场：反手击球时，必须先使身体向左后转、背向网，在后退左后场时，无论是两步后退或三步后交叉后退都要注意这一点。

（3）两侧移动步法

1）向右侧移动：两脚开立，右脚跟稍提起，上体稍倒向左侧，左脚掌内侧用力起蹬，右脚同时向右侧蹬跨一大步到位击球。若距来球较远，则左脚可向右垫一小步再起蹬，右脚同时向右跨一大步到位。

2）向左侧移动：两脚开立，上体稍倒向右侧用力起蹬，左脚同时向左蹬跨一步到位击球。离球较远时，左脚可先向左移一小步，然后向左转身，右脚向左（前交叉）跨大步（背向网）到位击球。

（4）起跳腾空步法：步子到位后，为了争取战机和更高的击球点，用单脚或双脚起跳，居高临下，凌空一击，称为起跳腾空击球。在上网、后退和两侧移动中都可运用腾跳步。一般说来，腾跳步较多用于向左、右两侧进行跳起突击。当对方打平高球（弧线较低）时，球从右侧上空飞向底线时，用左脚向右侧蹬地，右脚起跳，上体向右侧上空腾起截住来球，突击扣杀对方空当；当球从左侧上空飞向底线时，则右脚向左侧蹬地，右脚起跳，用头顶击球法突击。在正手后退步法中，步子到位后，也可以右脚起跳腾空击球。击球后，左脚后摆在身体重心的后面着地，一经制动缓冲，应立即回移至中心位置。

练习方法：①先做分解步法练习，再过渡到完整后退步法练习；②在场外教师手势的指挥下，做后退步法练习；③从中心位置向右后、左后做退步练习。

链 接

如何预防羽毛球运动中的运动损伤

(1) 规范的动作技术,对手腕、肩袖、踝关节处的损伤能起到很好的预防作用。因此,请专业的羽毛球教练指导或翻阅相关的书籍了解和掌握好正确的动作要领,将有利于羽毛球爱好者掌握规范的动作技术,预防羽毛球运动中的运动损伤。

(2) 运动前做好充分的准备活动。特别是几个容易出现损伤的部位:手腕、肩关节、腰部、踝关节、大小腿等。一般准备活动在15~20min,但在秋、冬季气温较低的情况下,人的关节活动幅度较小,韧带的伸展度降低,就更应该做好准备工作。因此,准备活动的时间也应延长。

(3) 在身体疲劳或已经带有伤病(如轻微的肌肉拉伤)的情况下,应该停止运动。等身体状况恢复后再进行运动。运动完,要养成进行放松活动的习惯,有助于加快运动后疲劳的恢复。

(4) 运动时应选择好的场地,并在打球时特别注意场地上有没有球或别的物体,避免运动中因不注意而产生不必要的损伤。

(5) 加强对运动创伤的认识,平时注意运动损伤知识的积累。发生运动损伤后不能认为无所谓而继续打球,这是造成重复或多次损伤的主要原因。

第三节 乒乓球和羽毛球运动比赛规则

一、乒乓球比赛的主要规则

(1) 乒乓球开始走进"大球"时代,原来直径为38mm的小球,从2000年10月1日起已改为直径为40mm的大球。这样可以使球速和旋转速度变慢,从而增加回合数,使乒乓球比赛更具观赏性。在比赛的第五局由原来的五分换发球改为每两分换发球。

(2) 一场比赛:采用七局四胜制。

(3) 一局比赛:在每局比赛中,以先得21分为胜方,若打到20平后,先多得2分为胜方。从2001年9月1日起,每局比赛改为11分制。

(4) 为了避免长时间的拉调,如果一局比赛进行到15min仍未结束(双方都已获得19分时除外),或者在此之前任何时间应双方运动员的要求,应实行轮换发球制。

(5) 运动员发球是不能有隐蔽动作的,一切都要让对手以及裁判看到。选手发球时不得从身体后面的位置击球或用一条手臂遮住球,即在发球的一刹那不得让身体的部位挡住对手看到球的视线。

"世界打中国"会成为未来乒坛的新格局。在今后若干年,中国乒乓球除了要面对世界各国选手在技术上的联合"围剿"外,还要面对国际乒联在各会员国的压力下,在政策上对中国队加大限制,形成一种"打击超强、扶持弱小"的局势。当然,如果真正有实力,体制的调整并不能撼动中国乒乓球的霸主地位,而中国队多一些竞争对手,或许有益于世界乒乓球运动的发展。

链 接

与和持长胶球拍的运动员打球时,对方来球较轻或不转时,回球也不转;在对方来球力量越大、旋转越强时,回球旋转越强。而且,长胶球拍拍回球为来球的反旋转。

二、羽毛球比赛的主要规则

(一) 场地器材介绍

羽毛球场地是长方形的,各条线的宽度是40mm,线的颜色最好是用易辨的白色、黄色。网柱高1.55m,网长6.10m,网宽76cm,网孔1.5~2cm(图6-20)。

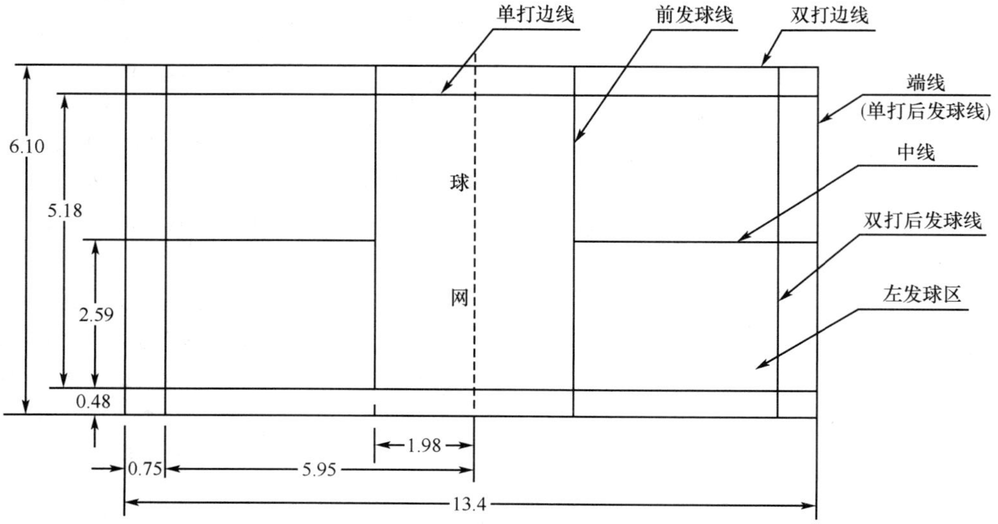

图6-20 羽毛球场地(单位:m)

（二）简要规则

每场比赛从掷挑边器开始，赢的一方将在先发球或先接发球（一个场区或另一个场区）中选择。发球员的分数为零或双数时，双方运动员均应在各自的右发球区发球或接发球，发球员分数为单数时，双方运动员均应在各自的左发球区或接发球区。

（1）计分方法。目前，将原来的裁判法改制为男、女单双打，混合双打 7 分制，五局三胜制。先得 7 分的一方胜一局；如打至 6∶6 平时，先得 6 分一方有选择加分或不加分的权利，如加分，应加 2 分；不加分就打至 7 分完成一局。交换场地，每局之间有 90s 休息时间，教职工球员可在场外指导。

（2）双方比赛除第一次发球方只有一次发球外，以后任何发球方都有两次发球权。当一方发球时，无论当时双方得分情况如何，均应从右发球区发球，若发球方得分，该发球员应换到另一发球区继续发球，但接发球方的位置此时不变，如两次发球均失误，则换对方由右发球区发球。

链 接

羽毛球运动是一项高雅运动。尊重对手、裁判，女士优先，用语文明，讲究举止等，都为羽毛球文化所倡导。因此，观众在观看这项比赛时应注意：

（1）赛前 5min 提前入座，并保持安静。

（2）颁奖奏获奖队国歌时，应肃立，不应谈笑或做其他事情。

（3）比赛中尽量不要从座位上站起来，更不要随意在看台上来回走动。

（4）不得使用粗鲁、不文明、带有敌意、攻击性或侮辱性语言刺激球员。

（5）观看比赛时不得燃放烟火，不得向场内抛掷物品。

（6）不破坏公物，不做不文明手势。

（7）观看比赛拍照时，不得使用闪光灯。

（8）比赛馆内严禁吸烟。

（9）观赛时应将手机关闭或设置在振动、静音状态。

（10）不要将锣鼓、乐器等响器带入比赛场内。

思考题

1. 简述乒乓球练习的基本姿势和站位的动作要领。
2. 简述羽毛球发高远球的技术要点。

第七章 体操运动

第一节 竞技体操

一、概　　述

竞技体操是体操的一个分支，是一项在规定的器械中完成复杂、协调的动作，并根据动作的分值或动作难度、编排与完成情况等给予评分的活动。目前，人们常说的体操实际上是指竞技体操。体操已成为竞技体操的简称。

体操是一项艺术性和技术性很强的竞技运动。世界最高水平的体操比赛是奥林匹克体操比赛、世界体操锦标赛和世界杯体操比赛。其中，竞技体操男子项目有自由体操、鞍马、吊环、跳马、双杠、单杠，共计6项；女子项目有跳马、高低杠、平衡木、自由体操，共计4项。首先，参赛者必须参加团体预赛，以确定个人和团体的成绩。如果有资格参加决赛，他们可以参加团体决赛、个人全能决赛和个人单项决赛。

从广义而言，体操比赛的实质是运动员之间技、力、美的较量。当今，激烈的赛场竞争、严格的评分要求及项目本身的技巧性，促使动作难度不断提高，技术不断创新，并力求完成得尽善尽美，这已成为体操项目的生命。

体操对动作的难度、编排的姿态有严格的要求。练习体操可以发展运动者灵敏性、协调性、力量、柔韧性等素质；培养机敏、勇敢、无畏的意志品质；提高他们对形体美、姿态美的艺术鉴赏能力。如今，竞技体操正以其动作的多样性、惊险性、独创性和强烈的艺术性吸引着广大体操运动爱好者。

链 接

现代体操运动的发展方向

现代体操的高难度刺激着人们去尝试对人体潜能的发掘。为了鼓励运动员努力创造难、新动作，促进体操运动向更难、更新和更美的方向发展，国际体联对那些在世界级比赛上首先亮相的难、新动作进行分析，确认具有发展价值的动作，并以当时完成这一动作的运动员的姓名命名，以达到表彰目的，如“托马斯全旋”“佳妮腾跃”等。加之现代的先进科学技术为体操的科学训练及场地器械设备方面提供了必要的良好条件，体操强国的训练理论和方法也被广泛采用，并在众多国家收到了实效，因而，近年来这项既难又美的竞赛项目已在世界各地广泛开展。展望未来，体操项目必然会在世界各国更加普及，技术发展会更快，难度会更高，动作会更美。

二、竞技体操中的形体美

（一）均衡的体形美

体形是指人体的形态特征和体型。在体操运动中，对运动员的身体形态有很高的要求。比如身体比例匀称，关节不粗不突出，四肢修长，上身与下肢的长度比为5∶8，即所谓的“黄金分割比”，体重轻，女性腰部纤细有力，有明显的曲线，男性肌肉块隐藏，足弓高等，总之，体操运动员的身材带给观众的视觉效果是平衡、和谐、灵巧、健美。

（二）婀娜的体态美

著名的形体专家郭可愚说：“优美的姿态是体操追求的目标，难而不美的动作，不会有持久的生命力，姿态优美即使难度不大也会产生百看不厌的长久的艺术效果。”

姿态美主要体现在基本体态的规范和对动作的控制力。从解剖学和力学角度出发，一般松腰、屈腿、勾脚比较舒服而自然，而并腿、绷脚却很费力，体操中的姿态就是要超越自然，向难、美的高峰攀登。一个腰部松垮的舞姿，一个屈膝勾脚的直体空翻，不会有美感，而亭亭玉立的站姿和挺拔有力的两腿能给人以美的感受。

（三）娴熟的动作美

动作美是运动员在熟练、轻松、协调、灵活地完成各种动作时所表现出来的一种身体美。动作美与姿势美密切相关。动作美是用熟练的技术和标准的姿势来表现的，而姿势美是用动作来表现的。著名体操运动员科马内奇在平衡木上翩翩起舞，姿势优美，高空翻筋斗后平稳地落在平衡木上，所有的观众和裁判都叹为观止。

优美的动作主要体现在以下方面：

（1）动作的规范化：它同姿态美紧密相连，一举手一投足，其表现出来的动作必准确到位。

（2）动作的合理性：表现在完成动作过程中能合理运用好时间、空间、力度之间的关系，以及显示出人体潜能和耐久力，这些都会给人以美感。

（3）动作的熟练性：只有熟练掌握各种动作技术，才能将高超的技艺淋漓尽致地展现在观众面前，让人们在惊叹之余得到美的享受。

姿态在体操中非常重要，它的获得完全依赖于有目的、系统的形体训练。形体训练可以改变人体不良的原始姿态，规范基本姿态，培养优美的姿态，其重要作用不言而喻。

第二节　艺术体操

一、概　　述

艺术体操是一项徒手或手持轻器械，在音乐伴奏下进行的以自然性和韵律性动作为基础的体育运动项目，也是当代女子所独有的竞技性体操项目之一。

艺术体操以优美和艺术性为其主要特征，是以芭蕾基本动作为基础，吸收现代舞、民族舞蹈、徒手体操的技巧动作精华而逐渐发展起来的。它要求动作舒展大方、优美流畅和轻松自如。艺术体操练习可使全身各关节得到充分活动，各部位的肌肉得到均衡发展。艺术体操不仅可以提高柔韧性、力量、协调性、灵巧性等身体素质，培养良好的身体姿态，而且可以培养节奏感，提高音乐素养和表现力。

艺术体操作为一种运动项目，是在长期的发展过程中逐渐形成的。它起源于 19 世纪末 20 世纪初的欧洲，并逐渐发展成女子竞赛项目。1962 年国际体操联合会将艺术体操定为独立的竞赛项目，1984 年其被正式列为奥运会竞赛项目。

除了奥运会，还有世锦赛、欧锦赛和四大洲锦标赛。除全运会外，中国艺术体操比赛还有全国锦标赛和全国青少年艺术体操锦标赛。

目前，世界艺术体操发展很快。高超新颖的难度技巧、独特巧妙的编排、快速多变的动作衔接、独特的情感表现和新的音乐伴奏不断涌现，推动了艺术体操技术水平再上一个新的高峰。

链 接

音乐在艺术体操中的作用

音乐不仅能培养练习者的节奏感及动作的协调性，而且能发挥练习者丰富的想象力和表现力，并有助于练习者合理地掌握“力”的运用，轻松自如地完成动作。优美动听的音乐可以使艺术体操表演更具感染力，能给观众以视觉和听觉的完美感受。音乐是艺术体操的灵魂。

二、艺术体操基本动作分析和健身练习

艺术体操基本动作分为徒手和轻器械动作两类。徒手操是艺术体操的基础，它包括基本的胳膊和腿的动作、基本的舞步、波浪运动和跳跃运动。艺术体操徒手练习吸收了芭蕾、民族舞、现代舞等的相关动作和训练方法。在掌握各种单项动作的基础上，可以安排各种组合或成套动作进行练习。通过练习，我们可以发展柔韧性、协调性、灵巧性、力量等身体素质，培养出正确的体态、协调性、节奏感和表现力。

艺术体操所使用的轻器械种类很多，除正规竞赛规定的绳、圈、球、棒、带等五种器械外，作为群众性表演和一般教学活动，还可以使用纱巾、旗、扇、手鼓等器械。无论使用哪种器械，都应充分表现出该种器械的特征，同时与身体动作融为一体，使器械成为肢体的延伸，有助于加大动作的幅度，更好地表现鲜明的节奏及运动的美感。

（一）站立和手臂、脚的基本位置及健身练习

1. 站立　站立是最基本的身体形态。正确的站姿是形成正确优美的动作和体态的基础。正确的站立姿势：头挺直，肩低，背挺直，腹部向内，臀部和腿部肌肉绷紧，向前看。

2. 身体的基本方位　练习艺术体操，身体的基本方位有 8 个（图 7-1）。

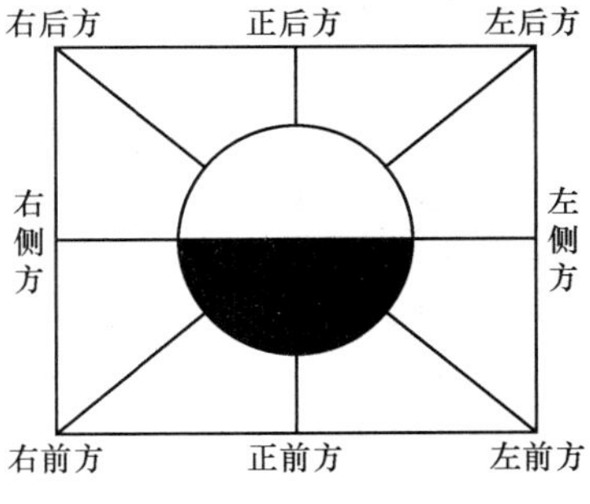

图 7-1　身体的基本方位

3. 腿形和脚的基本位置

（1）腿形：练习艺术体操，不论做什么动作，除特别规定外，膝关节和脚面都要绷直，并向外旋转。

（2）芭蕾舞脚的基本位置（图 7-2）：①脚一位。脚跟并拢，两脚尖外转 90°，两脚成一横线。②脚二位。右脚擦地右移，两脚跟相距一脚成一直线。③脚三位。右脚向左移至右脚跟对左脚心处，两脚并拢。④脚四位。右脚前移，两脚平行，相距一脚。⑤脚五位。右脚后移，两脚并拢，右脚跟对左脚尖。

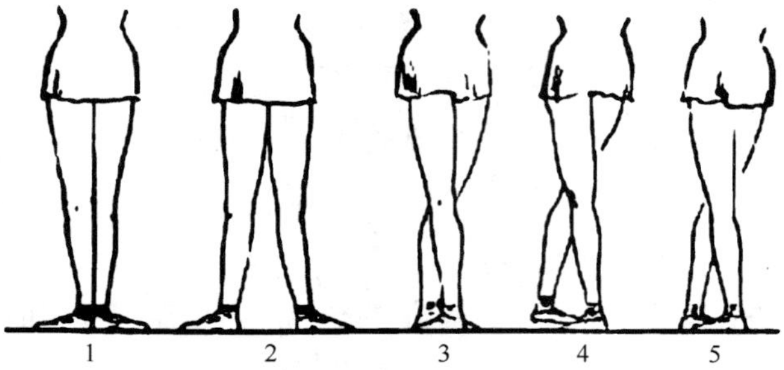

图 7-2　芭蕾舞脚的 5 个基本位置

技术要点：髋、膝关节充分外开，身体重心平均在两脚上。

（3）常用的基本站立位置（图 7-3）：①并立（正步）两脚并拢，脚尖向前。②自然位（八字步）。脚跟相靠，两脚尖向斜前方呈“八”字形。③开立（大八字步）。两脚侧开，相距约同肩宽，脚尖各向斜前方。④丁字步。脚跟在另一脚弓处呈“丁”字形站立。⑤一脚站立，另一脚向前（侧、后）伸出脚尖点地。前后点地时脚面绷直向外，侧点地时，脚面向上。

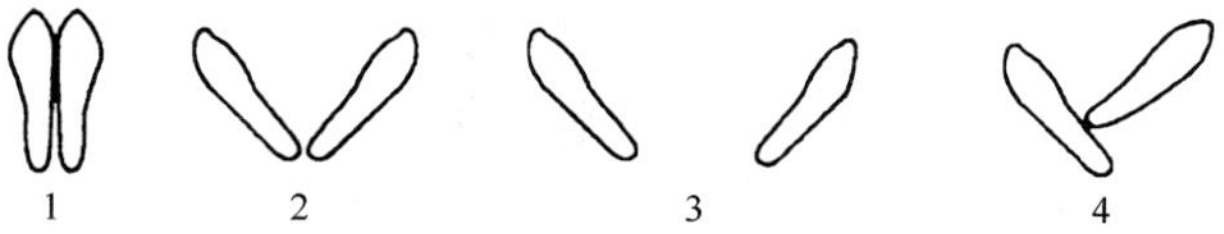

图 7-3　基本站位

1.正步；2.八字步；3.大八字步；4.丁字步

技术要求：两脚站立时，保持上身直立，使身体重心落在双脚上。点立时，重心在支撑腿上。

4. 手臂的基本位置

（1）常用的手臂基本位置。①手臂前上举：以大臂带动时，小臂抬起至前上举，掌心向下。②手臂前下举：做法同上，两臂至前下举。③手臂侧上举：做法同上，两臂位置在侧上举 45°，掌心向内或向外均可。④手臂后斜下举：做法同上，两臂位置在后下 45°，掌心向上或向内。⑤一臂前举，另一臂上举。⑥一臂前上举，另一臂后下举。⑦一臂侧上举，另一臂侧下举。⑧一臂后上举，另一臂前下举（图 7-4）。

技术要求：挺胸，收腹立腰，两肩自然放松，肘、腕自然伸直，身体重心保持平稳，头部配合协调。

（2）芭蕾舞手臂的基本位置。①手一位：两臂弧形，下垂于体前，手指相对，头左斜 45°。②手二位：两臂弧形，前平举略低于肩，两手心相对。③手三位：两臂弧形上举，手心相对，头左斜上 45°。④手四位：一臂弧形上举，一臂弧形前平举。⑤手五位：一臂弧形上举，一臂弧形侧举，肘关节向后，手心向前，头右转。⑥手六位：一臂弧形侧举，肘关节向后，手心向前。一

图 7-4　基本手位

臂弧形前平举。⑦手七位：两臂弧形侧举，肘关节向后，手心向前，头左转（图 7-5）。

技术要求：肩放松，肘腕自然微屈，手臂呈弧形，自然伸长，捏兰花指，拇指与中指稍向里合。

图 7-5　芭蕾舞手位

（二）波浪运动基本动作原理及健身练习

“波浪”是一种典型的动作，它充分体现了包括手臂波和身体波在内的动作柔软性和捆绑的特点。其特征是参与运动的关节之间形成连续的弯曲和伸展，并依次进行运动。

1. 手臂波浪　手臂波浪是臂部各关节按顺序做依次、柔和的屈伸动作。

预备姿势：自然站立，两臂侧举。

动作过程：以肩带动肘、腕稍屈，手指放松下垂，接着肩稍下压，肘、腕、指各关节依次伸直至侧举。手臂波浪动作的幅度可大可小，并可在前举、上举及斜举等不同部位做，也可两臂同时或两臂依次进行。

技术要点：由肩部开始发力，腕、掌、指各关节上屈至伸，形成依次连贯的推移运动（图 7-6）。

重点：肩、肘、腕关节动作顺序。

难点：肩关节动作。

手臂波浪：从肩关节开始依次由肘、腕至手指伸直。

练习方法：初学者可先单臂练习，再双臂同时或依次做，可做侧举、前举、斜上举等不同部位的波浪练习。

纠正方法：肩向运动方向动作，肘关节向后。

2. 跪立波浪　跪立，两手背于腰后，先自腰开始做经胸、颈的充分前挺，同时上体逐渐前屈，臀部后坐，接着自腰开始按相反的顺序弯曲各关节，同时上体逐渐抬起（图 7-7）。

图 7-6　手臂波浪

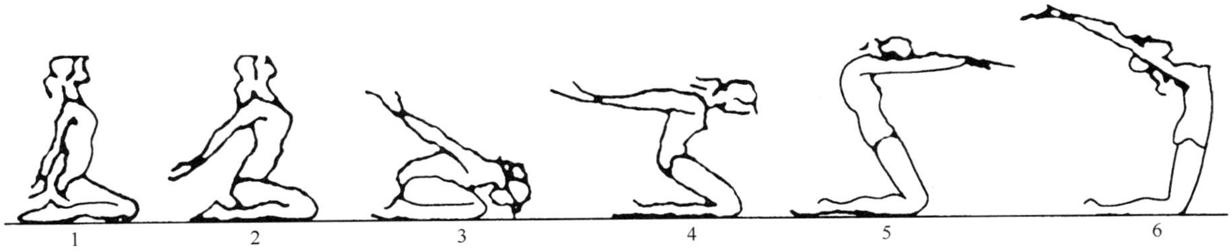

图 7-7　跪立波浪

重点：各关节依次屈伸，充分连贯。

难点：注意腰髋和骶部动作要充分。

3. 身体前波浪　从膝盖弯曲和半蹲开始，胸部弯曲，双臂在前面抬起。踝、膝、髋、腰、胸、颈、头的关节依次向前伸展。同时，两臂前后向上抬起，形成抬头、抬胸、抬脚跟的姿势。要求每个关节的延伸应以平缓和连贯的方式进行（图 7-8）。

图 7-8　身体前波浪

重点：各关节间屈伸充分连贯。

难点：髋、腰、胸动作的充分前挺。

练习方法：初学者可先扶把体会慢动作，再稍快进行完整练习。

4. 身体后波浪　两臂上举，从上体后屈开始，膝、髋、腰、胸、颈、头依次弯曲，向后拱起，两臂经后下摆至前上举（图 7-9）。

图 7-9　身体后波浪

重点：各关节屈伸连贯。

难点：胸、腰动作要充分。

练习方法：初学者可先扶把体会慢动作，再稍快进行完整练习。

5. 身体侧波浪　是从左腿开始向地面延伸，上身微微向左弯曲，手臂向右侧抬起。左腿和右腿蹲下后，身体的重量逐渐向左移动。同时，左腿角度弯曲，右腿内扣，脚尖点地，腰部弯曲，手臂两侧打开。右腿指向地面，两条平直的手臂放在左侧抬起（图 7-10）。

图 7-10　身体侧波浪

重点：各关节依次挺出，动作充分连贯。

难点：重心平移，臂部与身体在同一平面。

练习方法：初学时可先双手扶把慢速体会动作，再完整练习。

链 接

名人之约——李宁

李宁，广西壮族自治区柳州人，10 岁时，第一次参加全国少年体操比赛获自由体操第一名，14 岁时参加全国体操比赛获自由体操第二名。1980 年，李宁入选国家集训队，1980 年获运动健将称号。1984 年国际体操联合会以"吊环李宁摆上"和"双杠李宁大回环"命名两个难、新动作。1985 年获国际级运动健将称号，1982 年、1984 年、1985 年、1986 年四次获全国十佳运动员，共获得国内外 16 次荣誉称号。

李宁在 16 年的体操生涯中，共获得了 106 枚金牌，有 14 次夺得世界冠军的战绩，被誉为"体操王子"。

思考题

1. 你喜欢竞技体操吗？为什么？
2. 简述艺术体操的作用和基本动作要领。

第八章

武术运动

第一节　概　　述

武术是以技击动作为主要内容，以套路和格斗为主要运动形式，注重内外兼修的中国传统体育项目。在其漫长的发展史中，武术一直深受我国传统文化的影响。它的形成、内容和方法都体现着中国古典的哲学理念、美学思想、兵法思想、伦理道德等丰富的传统文化。

一、武术的内容和分类

我国武术运动内容丰富，分类方式很多，如传统分类中有以是否"主搏于人"而分为内家与外家；有按山川、地域分为少林、武当、峨眉等门派，还有南拳北腿、东枪西棍之说；目前有人依习武范围与目的将武术划分为竞技武术、学校武术、民间传统武术和军事武术等；也有根据体育竞技比赛项目将武术分为长拳、南拳、太极拳和同类拳种的器械四类传统拳术以及传统器械。一般按运动形式可将武术分为三大类。

（一）功法运动

功法运动是以单个武术动作作为主体进行练习，以达到健体或增强某方面体能的运动。例如，浑元桩可以调心、身、息，长时间站马步桩可以增强腿力等。传统功法运动的内容丰富多彩，按其形式与内容可分为内功（内养功）、外功（外壮功）、轻功（弹跳）、硬功（击打和抗击打）四种。其中前人根据实践经验总结出来的有些功法一直延续至今，如"排打功""沙包功"等，仍是提高武术专项技能的有效训练方法与手段。

（二）套路运动

套路运动是以技击动作为内容，以攻守进退、动静疾徐、刚柔虚实等矛盾运动的变化规律为依据编成的整套练习；主要内容有拳术、器械、对练及集体演练。

（1）拳术是徒手练习的套路运动。拳术的种类很多，如长拳、太极拳、南拳、形意拳、八卦拳、通背拳、象形拳等。

（2）器械是手持武术兵器进行练习的套路运动。器械又可分为长、短、双及软器械。目前最常用的器械是刀、剑、枪及棍，它们也是武术竞赛的主要项目。

（3）对练是在单练基础上，两人或两人以上，在预定条件下进行的假设性攻防练习。其中包括徒手对练、器械对练、徒手与器械的对练等。

（4）集体演练是六人以上徒手或手持器械同时进行练习的演练形式。练习时可变换队形，可用音乐伴奏，要求队形整齐，动作协调一致。

（三）搏斗运动

搏斗运动是两人在一定条件下按照一定的规则进行斗智、较力、较技的实战练习形式。目前武术竞赛中正在开展的有散打及推手等。

（1）散打又称散手，古称手搏、白打等，由于比赛是以徒手相搏的运动形式在台上进行，又称"打擂台"。现在的散打是两人按照一定的规则使用踢、打、快摔等方法制胜对方的竞技项目。

链接

国内武术套路竞赛项目分为自选（或规定）项目、其他项目、对练项目和集体项目。自选（或规定）项目包括长拳、太极拳、南拳、剑术、刀术、枪术、棍术。其他项目包括以下两类。

（1）其他拳术：除规则规定的自选拳术内容以外的拳术。共分为四类，即形意、八卦、八极类，通臂、劈挂、翻子类，地躺、象形类，查、花、炮、红、华、少林类。

（2）其他器械：除规则规定的自选器械内容以外的器械项目。共分为三类，即单器械、双器械、软器械。

对练项目包括徒手对练、器械对练、徒手与器械对练。集体项目包括徒手、器械等。武术套路竞赛是在14m×8m的室内场地进行。裁判员根据武术套路评分标准，对运动员在比赛中的动作、编排进行评判，满分为10分。比赛由五名裁判员评分，取中间三个分数的平均值为运动员的得分。

（2）推手是两人遵照一定的规则，使用掤、捋、挤、按、采、挒、肘、靠等手法，双方粘连黏随，寻机借劲发力将对方推出，以此决定胜负的竞技项目。

二、武术的特点和作用

（一）武术的特点

（1）动作具有攻、防技击性。

（2）具有内外合一、形神兼备的特色。

（3）内容丰富多彩，具有广泛的适应性。

（二）武术的作用

（1）壮内强外的健身作用。

（2）提高防身、自卫能力。

（3）培养道德情操的教育作用。

（4）娱乐观赏，丰富文化生活。

第二节　武术基本功和基本动作

一、手　　形

手形，见图 8-1。

（1）拳：五指卷紧，拇指压于示指、中指第二指节上。

（2）掌：四指伸直并拢，拇指弯曲紧扣于虎口处。

（3）勾：五指撮拢成勾，屈腕。

二、步　　形

步形，见图 8-2。

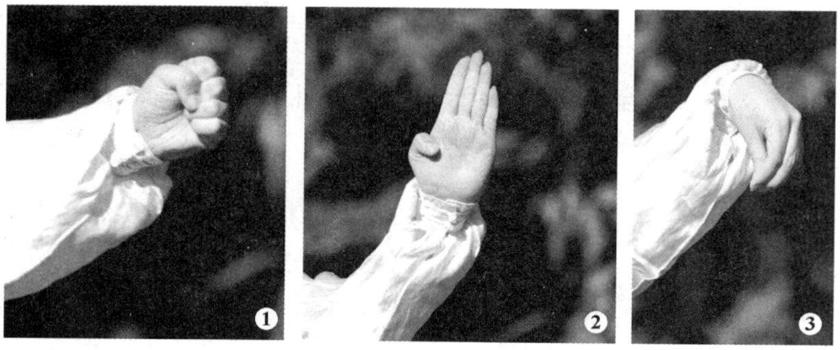

图 8-1　手形

1.拳；2.掌；3.勾

图 8-2　步形

1.弓步；2.马步；3.虚步；4.歇步；5.仆步；6.丁步

三、手　　法

武术的手法，见图 8-3。

图 8-3　武术的手法

1.起势；2.推掌；3.亮掌；4.冲拳；5.架拳

四、腿　　法

武术的腿法，见图 8-4。

图 8-4　武术的腿法

图 8-4　武术的腿法(续)

1、2.正踢腿;3、4.侧踢腿;5.外摆腿;6.里合腿;7、8.侧踹腿;9、10.弹腿;9 和 11.蹬腿

五、腰　　功

武术的腰功,见图 8-5。

图 8-5　武术的腰功

1、2.前俯腰;3.后甩腰;4~6.涮腰

六、组合练习——五步拳

组合练习——五步拳,也称长拳"入段"技术,见图 8-6。

图 8-6　五步拳

1.预备式;2.弓步冲拳;3.弹腿冲拳;4.马步架打;5、6.歇步盖冲拳;7.提膝穿掌;8.仆步穿掌;9.虚步挑掌;10.并步抱拳(还原预备式)

第三节　健身气功

一、健身气功的定义与界定

链接

健身气功是以自身形体活动、呼吸吐纳、心理调节相结合为主要运动形式的民族传统体育项目。其格调古朴,蕴涵新意。各式动作是连贯的有机整体,动作注重伸筋拔骨,舒展连绵,刚柔相济;呼吸要求自然,动息相融;并以形导气,意随形走;易学易练,健身效果明显。

所谓健身气功就是把练习者自身的形体活动、呼吸吐纳、心理调节结合起来的主要运动形式。

就字面而言,健身气功这个概念是健身和气功两个词构成的。它们代表着不同的领域,同时彼此之间又存在着千丝万缕的联系。健身的途径很多,气功是其中非常重要的一种。在这里气功限定了健身的方法手段。同样气功也拥有很多的功能效用,健身只是其中之一。在这里健身限定了气功的功能。健身气功就是健身和气功两者协调统一的产物。

对于健身,我们在理解上不会存在什么问题,而长期以来气功在人们心中总是显得十分神秘,所以我们有必要了解一下什么是气功。气功是调身、调息、调心合为一体的身心锻炼技能。调身(调节形体)、调息(调节呼吸)、调心(调节意念)在气功学里简称为“三调”。也就是说,只有在“三调”达到和谐统一的境界时,练习者才能达到身心合一。三调合一的状态或境界即是气功修炼的基本特征。

如果单纯从操作角度来看，各种体育运动的活动内容也是“三调”。以跑步为例。运动员进行预备活动是调整形体，憋住一口气是调整呼吸，认真地听取发令枪的声音准备出发是调整意念。虽然“三调”都存在，但是体育活动并不能算作气功中的一种。因为体育活动在进行“三调”时是分开操作的，三者并没有融为一体。而气功修炼的特点是通过“三调”的分别操作达到三调合一，并达成一种统一的境界。是否达到三调合一的身心状态是气功与体育运动的基本区别。

在了解了气功的定义及气功与体育运动的区别之后，健身气功的理解就变得更加容易了。健身气功是体育运动和气功的交集。一方面它保留了体育运动最基本的目的——健身，舍弃了其他目的；另一方面，它以气功作为基本的练习方式，改变了体育运动中三调分离的身心状态，并以气功中三调合一的状态作为蓝本。这样，健身气功形成了具有自己特征的运动形式，成为一种独立的运动形式。

目前，健身气功已经成为一项民族传统体育项目，主要包括了八段锦、十二段锦、易筋经、五禽戏、六字诀、大舞、导引养生功十二法、马王堆导引术、太极养生杖和四十八式太极拳等。这些功法动作柔和舒缓，运动强度较小，操作起来比较简单，而且对于场地要求也并不严格，再加上明显的强身健体效果，已经成为大众喜闻乐见的健身选择之一了。

二、健身气功的要素

我国传统的中医理论认为，身心合一是人健康的重要特点，也是强身健体这一追求的终极目标。健身气功分别用“形”和“神”来概括人的身体和精神，并把“气”作为“形”和“神”之间的纽带，从而使三者形成一个有机的整体。

正所谓：“形者，生之舍也；气者，生之充也；神者，生之制也。”大致意思是，形是人生命的房子，神是人生命运的主宰，气是沟通形和神的桥梁。健身气功以调身、调息、调心（神）来分别对应人的“形”“气”“神”，从而使“三调”成为健身气功锻炼的基本要素。

调身，顾名思义，就是调整身形，它是气功中的一个特定的术语，是指对身形或动作进行自觉主动的调整和锻炼，使之符合练功的要求。要特别注意的一点是，这里所说的身形，并不仅仅指人的躯干四肢，筋、膜、骨、血、肉、精等都属于形的范畴。

调身是调息和调心的前提，是练习健身气功的基础。传统气功中所说的导引练形、庄严身象等，都属于调身的范畴。

健身气功对调身的基本要求是形正体松，就是要求练习者在做各种姿势和动作时，都必须做到身体中正安适，松紧适度；动作柔和缓慢、圆活连贯；练功过程中刚柔相济、动静结合。只有这样才能保证练功的效果，并达到强身健体的目的。

调身只是锻炼身体的基础和手段，只有形正体松，才能达到气定神敛。

中医理论认为“一呼一吸为一息”。所以，所谓调息就是要自觉主动地调整和控制呼吸，通过改变它的频率、深度等来使之符合练功要求和目的。调息是健身气功“三调”中的重要环节和方法。传统气功中所讲到的吐纳、练气、调气、服气、食气等，都属于调息的范畴。

调息的方法有很多，但在练功过程中用到的主要有三种。

（1）自然呼吸：指练习者不熟悉功法套路时采用的呼吸方法。

（2）腹式呼吸：大部分功法在练习过程中都采取这种方式，它可以帮助练习者把呼吸调整得又细又长，帮助练习者尽快进入练功的状态。

（3）提肛呼吸：把提肛动作和呼吸配合起来的一种练习方法。

调息的基本要求是要呼吸变得均匀细密，柔和深长。不过，有一点要注意，即不能刻意追求，生搬硬套。逐步练习顺其自然即可。

调息是沟通调身和调心的桥梁，调心才是要达到的终极目标。

所谓调心，就是练习者在练功过程中自觉主动地对自我的心理活动进行调节和控制，并使之符合练功的要求。调心是健身气功“三调”中最重要的环节。因为在健身气功的练习过程中，调身和调心都是以意识为导向。传统气功中提到的意守、存思、观想、调神、练意等，都属于调心的范畴。

调心的方法很多，不过主要可以归为两大类，一类是“以一念代万念”的意守类，一类是“以念制（治）念”的存想类。前者是指把注意力全部集中到某一处而相守不离，以此来排除私心杂念，逐渐达到练功的要求和目的。后者是指在调身、调息及基本安静状态下，把注意力全部集中到一个预设好的目标之上，通过这种有序化意念思维的“正念”，来不断排除杂念，从而起到练功要求和目的。

调心的基本要求是精神放松，意识平静。无论何种形式、何种方法的调心都是为意（神）、气、形的和谐统一服务的。精神放松，意识平静就会使练习者很快进入顺应自然的练功状态中，从而起到强身健体、养生康复的作用。

总之，构成健身气功的基本要素调心、调身、调息三者是密不可分的。只有三者紧密结合在一起，和谐统一，才能达到强身健体的效果。

三、健身气功的特点

健身气功是一项具有鲜明个性特色的健身活动。它不是简单的健美操，更与一般的气功不同。“三调”合一、保健养生、身心健康的双重调节是健身气功区别于其他运动形式最显著的三个特点。

首先，健身气功的锻炼强调调身、调息、调心三调密切配合。调身、调息、调心分别与人体的形、气、神相对应。而形气神合一是人们身体素质得以改善、强身健体目标得以初步实现的最佳表现。

其中调身是气功锻炼的基础。调身通过将人体的姿势调整到最自然、最舒适的形态，来沟通练习者全身的经络，使气血得以拥有一个畅通无阻的流动通道。同时练习者的神经系统也能得到很好的调节。

调息是沟通调身和调心两者之间的桥梁。匀细深长的呼吸方式有助于呼吸中枢功能的改善，另外，它还可以调整交感神经、副交感神经的功能，增加它们的张力，并起到调整相应内脏器官和组织的作用。

调心是“三调”中的重中之重，是练习者要达到的终极目标。调心可以帮助练习者不断地排除杂念和各种不良心理，逐渐建立良好的心理状态，并使良性思维的能动作用很好地发挥。它更是调节大脑和脏腑功能的良药。

调身、调息、调心三者达到统一，健身气功最原始的目标——使练习者身强体健，就会得到初步实现。

其次，健身气功通过修炼精气神来发挥养生保健、抗衰防老的作用。古语有云：“天有三宝日月星，地有三宝水火风，人有三宝精气神。”由此可见精气神在人的生命活动中起着非常重要的作用。健身气功练习讲究的就是“内炼精气神，外炼筋骨皮”，其中“内炼精气神”就是逐步达到精足、气充、神旺，发挥养生保健、抗衰防老的功效。

所谓“精”，就是人体中一切有益的精华成分。它有先天和后天之分。其中先天之精是人本身所固有的。后天之精是通过五脏六腑与外界交换物质而形成的。健身气功练习能使先天和后天之精逐渐充养，提高人体精力和生殖能力。

所谓“气”，就是人体的生命活力，也有先天后天之分。健身气功的练习可以使先天之气和后天之气逐渐充足，增强人体的免疫功能和生理功能。

所谓“神”就是人体意识、思维和智慧，它与人们的心脏和大脑关系最为密切。健身气功练习可以帮助人们拥有良好的心态，调节心理功能，提高大脑功能。

精气神的合一是健身气功强身健体目标得以实现的内在基础。

最后，健身气功是一种生理和心理双重修炼的养生保健术。健身气功是讲究动作和呼吸紧密配合的功法。它能够起到既增强五脏六腑和全身各组织的生理功能，又调节人体的心理平衡的作用，是一种生理和心理双重修炼的养生保健术。

正是以上这三个显著的特点造就了健身气功的独特性。

四、八段锦功法及口诀

第一式：双手托天理三焦
第二式：左右开弓似射雕
第三式：调理脾胃须单举
第四式：五劳七伤往后瞧
第五式：摇头摆尾去心火
第六式：双手攀足固肾腰
第七式：攒拳怒目增气力
第八式：背后七颠百病消

预备式（图 8-7）

1. 两脚并步站立；两臂自然垂于体侧；身体中正，目视前方。

2. 松腰沉髋，身体重心移至右腿；左脚向左侧开步，脚尖朝前，约与肩同宽；目视前方。

3. 两臂内旋，两掌分别向两侧摆起，约与髋同高，掌心向后；目视前方。

4. 上动不停。两腿膝关节稍屈；同时，两臂外旋，向前合抱于腹前呈圆弧形，与脐同高，掌心向内，两掌指间距离约 10cm；目视前方。

图 8-7　八段锦预备式

【动作要领】

1. 头向上顶,下颌微收,舌抵上腭,双唇轻闭;沉肩坠肘,腋下虚掩;胸部宽舒,腹部松沉;收髋敛臀,上体中正。

2. 呼吸徐缓,气沉丹田,调息 6~9 次。

3. 抱球时,沉肩,垂肘,指尖相对,大拇指放平。收髋敛臀,命门穴放松;膝关节不超越脚尖,两脚平行站立。

【功理效果】

宁静心神,调整呼吸,内安五脏,端正身形,从精神与肢体上做好练功前的准备。

第一式　双手托天理三焦(图 8-8)

1. 接上式。两臂外旋微下落,两掌五指分开在腹前交叉,掌心朝上;目视前方。

2. 上动不停。两腿徐缓挺膝伸直;同时,两掌上托至胸前,随之两臂内旋向上托起,掌心向上;抬头,目视两掌。

3. 上动不停。两臂继续上托,肘关节伸直;同时,下颌内收,动作略停;目视前方。

4. 身体重心缓缓下降;两腿膝关节微屈;同时,十指慢慢分开,两臂分别向身体两侧下落,两掌捧于腹前,掌心向上;目视前方。

本式托举、下落为一遍,共做六遍。

图 8-8　双手托天理三焦

【动作要领】

1. 两掌上托要舒胸展开,略有停顿,保持伸直。

2. 两掌下落,松腰沉髋,沉肩坠肘,松腕舒指,上体中正。

3. 两掌上托,舒胸展体缓慢用力,下颏先向上助力,再内收配合两掌上撑,力在掌根。

【功理效果】

1. 两手交叉上托,缓缓用力,保持伸拉,可使“三焦”通畅、气血调和。

2. 拉长躯干与上肢各关节周围的肌肉、韧带及关节软组织,对防治肩部疾病、预防颈椎病等具有良好的作用。

第二式　左右开弓似射雕(图 8-9)

1. 接上式。身体重心右移;左脚向左侧开步站立,两腿膝关节自然伸直;同时,两掌向上交叉于胸前,左掌在外,两掌心向内;目视前方。

2. 上动不停。两腿徐缓屈膝半蹲成马步;同时,右掌屈指成“爪”,向右拉至肩前;左掌成八字掌,左臂内旋,向左侧推出,与肩同高,坐腕,掌心向左,犹如拉弓射箭之势;动作略停;目视左掌方向。

3. 身体重心右移;同时,右手五指伸开成掌,向上、向右划弧,与肩同高,指尖朝上,掌心斜向前;左手指伸开成掌,掌心斜向后;目视右掌。

4. 上动不停。重心继续右移;左脚回收成并步站立;同时,两掌分别由两侧下落,屈肘、捧于腹前,掌心朝上,指尖相对,间距约 10cm;目视前方。

图 8-9　左右开弓似射雕

本式一左一右为一遍，共做三遍。

第三遍最后一动时，身体重心继续左移；右脚回收成开步站立，与肩同宽，膝关节微屈；同时，两掌分别由两侧下落，捧于腹前，指尖相对，掌心向上；目视前方。

【动作要领】

1. 侧拉之手五指要并拢屈紧，肩臂放平。

2. 八字掌侧撑需沉肩坠肘，屈腕，竖指，掌心涵空。沉肩坠肘，上体直立，两脚跟外撑。

3. 年老或体弱者可自行调整马步的高度。

【功理效果】

1. 展肩扩胸，可刺激督脉和背部腧穴；同时刺激手三阴三阳经等，可调节手太阴肺经等经络之气。

2. 可有效发展下肢肌肉力量，提高平衡和协调能力；同时，增加前臂和手部肌肉的力量，提高手腕关节及指关节的灵活性。

3. 有利于矫正不良姿势，如驼背及肩内收，很好地预防肩、颈疾病等。

第三式　调理脾胃须单举（图 8-10）

1. 接上式。两腿徐缓挺膝伸直；同时，左掌上托，左臂外旋上穿经前面，随之上举至头上方，肘关节微屈，力达掌跟，掌心向上，掌指向右；同时，右掌微上托，随之臂内旋下按至右髋旁，肘关节微屈，力达掌根，掌心向下，掌指向前，动作略停；目视前方。

2. 松腰沉髋，身体重心缓缓下降；两腿膝关节微屈；同时，左臂屈肘外旋，左掌经面前下落于腹前，掌心向上；右臂外旋，右掌向上捧于腹前，两掌指尖相对，相距约 10cm，掌心向上；目视前方。

本式一左一右为一遍，共做三遍。

第三遍最后一动时，两腿膝关节微屈；同时，右臂屈肘，右掌下按于右髋旁，掌心向下，掌指向前，目视前方。

图 8-10　调理脾胃须单举

【动作要领】

1. 力达掌根，上撑下按，舒胸展体，拔长腰脊。

2. 两掌放平，力在掌根，肘关节稍屈，对拉拔长。

【功理效果】

1. 左右上肢一松一紧的上下对拉（静力牵张），可以牵拉腹腔，对脾胃中焦肝胆起到按摩作用；同时可以刺激位于腹、胸肋部的相关经络以及背部腧穴等，达到调理脾胃（肝胆）和脏腑经络的作用。

2. 可使脊柱内各脊椎的小关节及小肌肉得到锻炼，从而增强脊柱的灵活性与稳定性，有利于预防和治疗肩、颈疾病等。

第四式　五劳七伤往后瞧（图 8-11）

1. 接上式。两腿徐缓挺膝伸直；同时，两臂伸直，掌心向后，指尖向下，目视前方。然后上动不停。两臂充分外旋，掌心向外；头向左后转，动作略停；目视左斜后方。

2. 松腰沉髋，身体重心缓缓下降；两腿膝关节微屈；同时，两臂内旋按于髋旁，掌心向下，指尖向前；目视前方。

3. 同法向右做动作。

本式一左一右为一遍，共做三遍。

第三遍最后一动时，两腿膝关节微屈；同时，两掌捧于腹前，指尖相对，掌心向上；目视前方。

【动作要领】

1. 头向上顶，肩向下沉。

2. 转头不转体，旋臂，两肩后张。

3. 下颏内收，转头与旋臂幅度宜大，速度均匀。

【功理效果】

1. “五劳”指心、肝、脾、肺、肾五脏劳损；“七伤”指喜、怒、悲、忧、恐、惊、思七情伤害。本式动作通过上肢伸直外旋扭转的静力牵张作用，可以扩张牵拉胸腔内的脏腑。

2. 本式动作中往后瞧的转头动作，可刺激颈部大椎穴，达到防治“五劳七伤”的目的。

3. 可增强颈部及肩关节周围参与运动肌群的收缩力，增加颈部运动幅度，活动眼肌，预防眼肌疲劳及肩、颈与背部等处的疾患。同时，改善颈部及脑部的血液循环。

图 8-11　五劳七伤往后瞧

第五式　摇头摆尾去心火(图 8-12)

1. 接上式。身体重心左移;右脚向右开步站立,两腿膝关节自然伸直;同时,两掌上托与胸同高时,两臂内旋,两掌继续上托至头上方,肘关节微屈,掌心向上,指尖相对;目视前方。

2. 上动不停。两腿徐缓屈膝半蹲成马步;同时,两臂向两侧下落,两掌扶于膝关节上方,肘关节微屈,小指侧向前;目视前方。

3. 身体重心向上稍升起,而后右移;上体先向右倾,随之俯身;目视右脚。

4. 上动不停。身体重心左移;同时,上体由右向前,向左旋转;目视前方。

5. 身体重心右移,成马步;同时,头向后摇,上体立起,随之下颏微收;目视前方。

本式一左一右为一遍,共做三遍。

做完三遍后,身体重心左移,右脚回收成开步站立,与肩同宽;同时,两掌向外经侧方上举,掌心相对;目视前方。随后松腰沉髋,身体重心缓缓下降。两腿膝关节微屈;同时屈肘,两掌经面前下按至腹前,掌心向下,指尖相对;目视前方。

【动作要领】

1. 马步下蹲时要收髋敛臀,上体中正。

2. 摇转时,颈部与尾闾对拉伸长,好似两个轴在相对运转,速度应柔和缓慢,动作圆活连贯。

3. 年老或体弱者要注意动作幅度,不可强求。

4. 上体侧倾与向下俯身时,下颏不要有意内收或上仰,颈椎部肌肉尽量放松伸长。

5. 加大尾闾摆动幅度,应上体左倾尾闾右摆,上体前俯尾闾向后画圆,使尾闾与颈部对拉拔长,加大旋转幅度。

【功理效果】

1. 心火,即心热火旺的病症,属阳热内盛的病机。两腿下蹲,摆动尾闾,可刺激脊柱、督脉等;摇头可刺激大椎穴,从而达到疏经泄热的作用,有助于去除心火。

2. 在摇头摆尾过程中,脊柱腰段、颈段大幅度侧屈、环转及回旋,可使整个脊柱的头颈段、腰腹及臀、股部肌群参与收缩,既增加了颈、腰、髋的关节灵活性,也增强了这些部位的肌力。

图 8-12　摇头摆尾去心火

第六式　两手攀足固肾腰（图 8-13）

1. 接上式。两腿挺膝伸直站立；同时，两手掌心向下，指尖朝前，两臂向前、向上举起，肘关节伸直，掌心向前；目视前方。

2. 两臂外旋，使两手掌心相对，屈肘，两掌下按于胸前，掌心向下，指尖相对；目视前方。

3. 上动不停。两臂外旋，两掌心向上，随之两掌掌指顺腋下向后插；目视前方。

4. 两掌心向内沿脊柱两侧向下摩运至臀部；随之上体前俯，两掌继续沿腿后向下摩运，经脚两侧至脚面；抬头，动作略停；目视前下方。

图 8-13　两手攀足固肾腰

本式一上一下为一遍，共做六遍。

做完六遍后，上体立起；同时，两臂向前、向上举起，肘关节伸直，掌心向前；目视前方。随后松腰沉髋，身体重心缓缓下降；两腿膝关节微屈；同时，两掌向前下按至腹前，掌心向下，指尖向前；目视前方。

【动作要领】

1. 反穿摩运要适当用力，至足背时松腰沉肩，两膝挺直，向上起身时手臂主动上举，带动上体立起。

2. 年老或体弱者可根据身体状况自行调整动作幅度，不可强求。

3. 两手向下摩运要抬头，膝关节伸直。向上起身时要以臂带身。

【功理效果】

1. 前屈后伸可刺激脊柱、督脉以及命门、阳关、委中等穴，有助于防治生殖泌尿系统方面的慢性病，达到固肾壮腰的作用。

2. 脊柱大幅度前屈后伸，可有效发展躯干前、后伸屈脊柱肌群的力量与伸展性，同时对腰部及肾有良好的牵拉、按摩作用，可以改善其功能，刺激其活动。

第七式　攒拳怒目增气力（图 8-14）

1. 接上式。身体重心右移，左脚向左开步；两腿徐缓屈膝半蹲成马步；同时，两掌握固，抱于腰侧，拳眼朝上；目视前方。

2. 左拳缓慢用力向前冲出，与肩同高，拳眼朝上；瞪目，视左拳冲出方向。

3. 左臂内旋，左拳变掌，虎口朝下；目视左掌。左臂外旋，肘关节微屈；同时，左掌向左缠绕，变掌心向上后握固；目视左拳。

4. 屈肘，回收左拳至腰侧，拳眼朝上；目视前方。

本式一左一右为一遍，共做三遍。

做完三遍后，身体重心右移，左脚回收成并步站立；同时，两掌变拳，自然垂于体侧；目视前方。

图 8-14　攒拳怒目增气力

【动作要领】

1. 马步的高低可根据自己的腿部力量灵活掌握。

2. 冲拳时要怒目瞪眼，注视冲出之拳，同时脚趾抓地，拧腰顺肩，力达全面；拳回收时要旋腕，五指用力抓握。

3. 冲拳时头向上顶，上体立直，肩部松沉，肘关节微屈，前臂贴肋前松，力达拳面。拳回收时，先五指伸直充分旋腕，再屈指用力抓握。

【功理效果】

1. 中医认为，“肝主筋，开窍于目”。本式中的“怒目瞪眼”可刺激肝经，使肝血充盈，肝气疏泄，有强健筋骨的作用。

2. 两腿下蹲十趾抓地、双手攒拳、旋腕、手指逐节强力抓握等动作，可刺激手、足三阴三阳十二经脉的腧穴和督脉等；同时，使全身肌肉、筋脉受到静力牵张刺激，长期锻炼可使全身筋肉结实，气力增加。

第八式　背后七颠百病消（图 8-15）

1. 接上式。两脚跟提起；头上顶，动作略停；目视前方。

2. 两脚跟下落，轻震地面；目视前方。

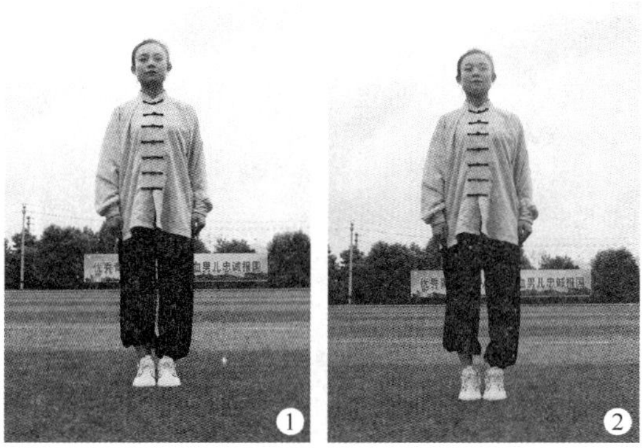

图 8-15　背后七颠百病消

本式一起一落为一遍，共做七遍。

【动作要领】

1. 上提时脚趾要抓地，脚跟尽力抬起，两腿并拢，百会穴上顶，略有停顿，要掌握好平衡。

2. 脚跟下落时，咬牙，轻震地面，动作不要过急。

3. 沉肩舒臂，周身放松。五趾抓住地面，两腿并拢，提肛收腹，肩向下沉，百会穴上顶。

【功理效果】

1. 脚趾为足三阴、足三阳经交会之处，脚十趾抓地，可刺激足部有关经络，调节相应脏腑的功能；同时，颠足可刺激脊柱与督脉，使全身脏腑经络气血通畅，阴阳平衡。

2. 颠足而立可发展小腿后部肌群力量，拉长足底肌肉、韧带，提高人体的平衡能力。

3. 落地震动可轻度刺激下肢及脊柱各关节外结构，并使全身肌肉得到放松复位，有助于解除肌肉紧张。

收势（图 8-16）

1. 接上式。两臂内旋，向两侧摆起，与髋同高，掌心向后；目视前方。

2. 两臂屈肘，两掌相叠置于丹田处（男性左手在内，女性右手在内）；目视前方。

3. 两臂自然下落，两掌贴于腿外侧；目视前方。

图 8-16　八段锦收势

【动作要领】

1. 体态安详，周身放松，呼吸自然，气沉丹田。

2. 收功时要心平气和，举止稳重。收功后可适当做一些整理活动，如搓手浴面和肢体放松等。

【功理效果】　气息归元，放松肢体肌肉，愉悦心情，进一步巩固练功效果，逐渐恢复到练功前安静时的状态。

五、易筋经功法及口诀

第一势：韦驮献杵一势
第二势：韦驮献杵二势
第三势：韦驮献杵三势
第四势：摘星换斗势
第五势：倒拽九牛尾势
第六势：出爪亮翅势
第七势：九鬼拔马刀势
第八势：三盘落地势
第九势：青龙探爪势
第十势：卧虎扑食势
第十一势：打躬击鼓势
第十二势：掉尾摇头势

预备式（图 8-17）

两脚并拢，松静站立；头正颈直，百会虚领；目视前方，目光内含；呼吸自然，心平气和。

起势：左脚侧开半步，引颈站立，目光内含，神不外驰。

图 8-17　易筋经预备式

【动作要领】

1. 两腿开立，头端平，目前视，口微闭，调呼吸。

2. 全身放松，身体中正，呼吸自然，心平气和。

【功理效果】　宁静心神，调整呼吸；内安五脏，端正身形。

第一势　韦驮献杵一势（图 8-18）

【口诀】　立身期正直，环拱手当胸。气定神皆敛，心澄貌亦恭。

图 8-18　韦驮献杵一势

【动作要领】

1. 两臂展平，抱掌合拢，旋臂指胸，环拱抱球。

2. 两臂曲肘，徐徐平举至胸前成抱球势，屈腕立掌，指尖向上，掌心相对（10cm 左右距离）。此动作要求肩、肘、腕在同一平面上，松肩虚腋，气定神敛。合呼吸酌情做 8～20 次。

【功理效果】　均衡身体左右气机，改善神经、体液调节功能，消除疲劳。

第二势　韦驮献杵二势（横担降魔杵）（图 8-19）

【口诀】　足趾柱地，两手平开。心平气静，目瞪口呆。

图 8-19　韦驮献杵二势

【动作要领】

1. 两手下按，提掌前推，两手平开，翻掌提踵；两足分开，与肩同宽，足掌踏实，两膝微松。

2. 两手自胸前徐徐外展，至两侧平举；坐腕立掌，掌心向外，两掌外撑，力在掌根。

3. 两目前视；吸气时胸部扩张，臂向后挺；呼气时，指尖上翘，掌向外撑。反复进行 8～20 次。

【功理效果】　梳理上肢经络，调练心肺之气，提高肩臂肌肉力量，改善肩关节活动功能。

第三势　韦驮献杵三势（掌托天门）（图 8-20）

【口诀】　掌托天门自上视，足尖着地立身端，力周腿胁浑如植，咬紧牙关莫放宽，舌下生津将腭抵，鼻中调息觉心安，两拳缓缓收回处，弛力还将挟重看。

【动作要领】

1. 平步静息，提掌胸前，翻掌托举，提踵上观。两掌上托时，力达四肢，脊柱竖直，提踵稍前倾。两臂夹耳，目视前方。

2. 两脚开立，足尖着地，足跟提起；双手上举高过头顶，掌心向上，两中指相距 3cm；沉肩屈肘，仰头，目观掌背。

图 8-20　韦驮献杵三势

3. 舌抵上腭，鼻息调匀。吸气时，两手用暗劲尽力上托，两腿同时用力下蹬；呼气时，全身放松，两掌向前下翻。

4. 收势时，两掌变拳，拳背向前，上肢用力将两拳缓缓收至腰部，拳心向上，脚跟着地。反复进行 8～20 次。

【功理效果】 调理三焦之气，发动手足三阴五脏之气，改善肩关节活动功能，提高四肢肌肉力量，促进全身血液循环。

第四势　摘星换斗势（图 8-21）

【口诀】 只手擎天掌覆头，更从求内注双眸，鼻吸口呼频调息，两手轮回左右侔。

【动作要领】

1. 转身时以腰带肩，以肩带臂；目视掌心，意注命门。

2. 右脚稍向右前方移步，与左脚形成斜八字，随势向左微侧；屈膝，提右脚跟，身向下沉，右虚步。

3. 右手高举伸直，掌心向下，头微右斜，双目仰视右手心；左臂屈肘，自然置于背后。

4. 吸气时，头往上顶，双肩后挺；呼气时，全身放松，再左右两侧交换姿势锻炼。连续进行 5～10 次。

图 8-21　摘星换斗势

【功理效果】 壮腰健肾，延缓衰老；增强颈肩腰等部位的活动功能。

第五势　倒拽九牛尾势（图 8-22）

【口诀】 两腿前弓后箭，小腹运气空松。用意存于两膀，擒拿内视双瞳。

【动作要领】

1. 转身时以腰带肩，以肩带臂，力贯双膀；掌握重心，身体平衡。

2. 右脚前跨一步，屈膝成右弓步。右手握拳，举至前上方，双目观拳；左手握拳；左臂屈肘，斜垂于背后。

3. 吸气时，两拳紧握内收，右拳收至右肩，左拳垂至背后；呼气时，两拳两臂放松还原为本势预备动作。再身体后转，成左弓步，左右手交替进行。随呼吸反复进行 5～10 次。

【功理效果】 通过腰部扭动，带动肩胛活动，刺激背部夹脊、肺俞、心俞等穴位，疏通夹脊，调练心肺；改善软组织血液循环，提高四肢肌肉力量及活动功能。

第六势　出爪亮翅势（图 8-23）

【口诀】 挺身兼怒目，推宙望月来，排山还海汐，随息七徘徊。

图 8-22　倒拽九牛尾势

图 8-23　出爪亮翅势

【动作要领】

1. 出掌时先轻如推窗，后重如排山，收掌时如海水还潮；充分展肩扩胸。

2. 两脚开立，两臂前平举，立掌，掌心向前，十指用力分开，虎口相对，两眼怒目平视前方，随势脚跟提起，以两脚尖支持体重。

3. 再两掌缓缓分开，上肢成一字样平举，立掌，掌心向外，随势脚跟着地。

4. 吸气时，两掌用暗劲伸探，手指向后翘；呼气时，臂掌放松。连续做 8~12 次。

【功理效果】　通过动作的引导，促进自然清气与人体真气在胸中交汇融合，改善呼吸功能及全身气血运行；提高胸背部及上肢肌肉力量。

第七势　九鬼拔马刀势（图 8-24）

【口诀】　侧首屈肱，抱头拔耳，右腋开阳，左阴闭死，右撼昆仑，左贴胛膂，左右抡回，直身攀举。

图 8-24　九鬼拔马刀势

【动作要领】

1. 动作对拔拉伸要尽量用力，身体协调；合臂时，身后之臂主动上推，重心稳定，上下起伏。

2. 两臂向前成叉掌立于胸前。左手屈肘经下往后，成勾手置于身后，指尖向上；右手由肩上屈肘后伸，拉住左手指，使右手成抱颈状。足趾抓地，身体前倾，如拔刀一样。

3. 吸气时，双手用力拉紧，呼气时放松。左右交换。反复做 5~10 次。

【功理效果】　通过身体的扭曲、伸展运动，使全身真气开、合、启、闭，按摩脾胃，强健肾脏；疏通玉枕关、夹脊关；增强肩部、腰背部肌肉力量，改善关节活动功能。

第八势　三盘落地势（图 8-25）

【口诀】　上腭抵尖舌，张眸又咬牙，开裆骑马式，双手按兼拿，两掌翻阳起，千斤仿佛加，口呼鼻吸气，蹲足莫稍斜。

【动作要领】

1. 下蹲时松腰、裹臀，起身时，两掌如托千斤重物。下蹲与起身时，上体始终保持正直（视自身情况，微蹲、半蹲、全蹲）。

2. 左脚向左横跨一步，屈膝下蹲成马步。上体挺直，两手叉腰，再屈肘翻掌向上，小臂平举如托重物状；稍停片刻，两手翻掌向下，小臂伸直放松，如放下重物状。

3. 动作随呼吸进行，吸气时，如托物状；呼气时，如放物状，反复做 5~10 次。收功时，两脚徐徐伸直，左脚收回，两足并拢，成直立状。

【功理效果】　心肾相交，水火既济；增强下肢力量，壮丹田气，强腰固肾（心主火，肾主水）。

图 8-25　三盘落地势

第九势　青龙探爪势（图 8-26）

【口诀】　青龙探爪，左从右出，左掌纠行，蜷傍胁部，右爪乘风，云门左露，气周肩背，扭腰转腹，调息微嘘，龙降虎伏。

图 8-26 青龙探爪势

【动作要领】

1. 目随“爪”走，意存“爪”心；动作自然协调，一气呵成。前俯时双腿直膝。

2. 两脚开立，两手仰拳护腰。右手向左前方伸探，五指捏成勾手，上体左转。

3. 腰部自左至右转动，右手亦随之自左至右水平画圈，手划至前上方时，上体前倾，同时呼气；手划至身体左侧时，上体伸直，同时吸气。

左右交换，动作相反。连续做5~10次。

【功理效果】 中医认为“两胁属肝”“肝藏血，肾藏精”，两者同源，通过该功法可以疏理肝气、调畅情志；改善腰部及下肢肌肉的活动功能。

第十势 卧虎扑食势（图 8-27）

【口诀】 两足分蹲身似倾，左弓右箭腿相更，昂头胸作探前势，翘尾朝天掉换行，呼吸调匀均出入，指尖着地赖支撑，还将腰背偃低下，顺式收身复立平。

【动作要领】

1. 用躯干的动作带动双手前扑绕环；抬头、瞪目时，力达指尖，腰背部呈反弓形。

2. 右脚向右跨一大步，屈右膝下蹲，成右弓左仆腿势；上体前倾，双手撑地，头微抬起，目注视前上方。

图 8-27 卧虎扑食势

3. 吸气时，同时两臂伸直，上体抬高并尽量前探，重心前移；呼气时，同时屈肘，胸部下落，上体后收，重心后移，蓄势待发。如此反复，随呼吸而两臂屈伸，上体起伏，前探后收，如猛虎扑食。

动作连续做 5～10 次后，换左弓右仆脚势进行，动作如前。

【功理效果】 疏伸、调养任脉，改善腰腿肌肉活动功能，强健腰腿。

第十一势　打躬击鼓势（图 8-28）

【口诀】 两掌持后脑，躬腰至膝前，头垂探胯下，口紧咬牙关，舌尖微抵腭，两肘对平弯，掩耳鸣天鼓，八音奏管弦。

图 8-28　打躬击鼓势

【动作要领】

1. 体前屈时，直膝，两肘外展；前屈时，脊柱由头经颈椎、胸椎、腰椎、骶椎，由上向下逐节前屈；直立时由下向上逐节伸直。

2. 两脚开立，脚尖内扣。双手仰掌缓缓向左右而上，用力合抱头后部，手指弹敲小脑后片刻。

3. 配合呼吸做屈体动作。吸气时，身体挺直，目向前视，头如顶物；呼气时，直膝俯身弯腰，两手用力使头探于膝间作打躬状，勿使脚跟离地。

根据体力反复做 8～20 次。

【功理效果】 锻炼督脉，充足阳气。鸣天鼓可以醒脑、聪耳、消除大脑疲劳。

第十二势　掉尾摇头势（图 8-29）

【口诀】 膝直膀伸，推手及地，瞪目摇头，凝神一志，直起顿足，伸肱直臂，左右七次，功课完毕，祛病延年，无上三昧。

图 8-29　掉尾摇头势

【动作要领】

1. 扭头转臂时，头与臂做相向运动。高血压、颈椎病及年老体弱者，动作要小而缓慢。

2. 两腿开立，双手仰掌由胸前徐徐上举至头顶，目视掌而移，身立正直，勿挺胸凸腹；十指交叉，旋腕翻掌前伸，掌心向上，仰身，腰向后弯，目上视；然后上体前屈，双臂下垂，推掌至地，昂首瞪目。

3. 呼气时，屈体下弯，脚跟稍微离地；吸气时，上身立起，脚跟着地；如此反复做 21 次。

【功理效果】 强化腰背肌肉力量，改善脊柱各关节和肌肉的活动功能。

收势（图 8-30）

收功，直立，两臂左右侧举，上抱、下引，左脚收回，两臂自然下垂，练功到此结束。

图 8-30 易筋经收势

【练功指导】 易筋经气感强，收效快，尤其是内外兼修，身心同养，性命双修，具有御邪疗疾，延年益寿、开发潜能的功效。从中医研究的角度看，易筋经以中医经络走向和气血运行来指导气息的升降，在身体曲折旋转和手足推挽开合过程中，人体气血流通，关窍通利，从而达到祛病强身的目的。而按现代医学观点来看，修习易筋经，会使人体血液循环加强，从而改善人体的内脏功能，推迟衰老。

易筋经运动量较大，动作难度较高，因此，全套运动只适宜于体质较好的青壮年慢性病患者。体质较弱者，可量力而行，有选择地操练其中几势或减少每势操练次数。心脑血管疾病和哮喘病发作期间忌用。

注意：在动作练习中，动作幅度及难度，应根据个人情况，因人而异。尤其是老年人、高血压及颈椎病/腰椎病等患者，应循序渐进，动作缓慢，幅度由小到大，根据自身情况调整动作幅度。

思考题

1. 试述八段锦的动作要领。
2. 试述易筋经的动作要领。

第九章

游泳运动

第一节 概 述

一、游泳的分类

随着游泳运动的发展，其分类也越来越细。过去游泳运动包括游泳、跳水、水球和花样游泳，而现在已分为独立的运动项目了。目前，游泳大致分实用游泳（如侧泳、潜泳、反蛙泳、踩水、救护、武装泅渡等）和竞技游泳（蛙泳、自由泳、仰泳、蝶泳）两大类。下面只介绍竞技游泳。

蛙泳：身体俯卧水中，两肩与水面平行，依靠两臂对称向后划水，两腿向后对称蹬夹水面向前游进的姿势。整个动作与青蛙游水十分相似，所以取名蛙泳。

爬泳：又称自由泳。可以采取任何一种姿势，因为爬泳的速度最快，所以在比赛中，一般都采用爬泳这种姿势。爬泳是身体俯卧水中，依靠两臂轮换划水，两腿上下交替打水向前游进。这种姿势的两臂轮换划水很像爬行，所以称为爬泳。

仰泳：仰卧在水面的一种游泳姿势。仰泳时依靠两臂交替向后划水，两腿交替上下（向后）打水游进。它和爬泳的动作相似，只是身体仰卧。由于不用换气，呼吸容易，所以深受女性和中老年游泳爱好者的喜爱。

蝶泳：模仿海豚的波浪打水动作，双腿不断地波浪打水，两臂同时划水到大腿后提出水面，再从空中移臂，从外形上看，如蝴蝶展翅飞翔，所以称为蝶泳。

二、游泳锻炼的意义

游泳是一项水浴、空气浴、日光浴三者合一而对人体十分有益的体育运动项目，游泳具有极高的锻炼价值，它不仅可以强身健体，提高身心健康水平，还与我们的日常生活密切相关，如涉水过河、水中救护、抢险救灾等。特别是随着现代生活方式的需要，人们把游泳列为提高生活质量、促进健康的重要内容，对丰富人们精神文化生活和增强体质都有着十分重要的意义。

链 接

学习游泳的三大步骤如下。

（1）克服怕水的心理，头能埋入水中，学习在水上进行漂浮滑行。

（2）学习游泳的身体动作，一种泳姿的身体动作和全身的协调配合。

（3）学习换气，换气应动作应能够协调一致。

第二节 基本技术练习

一、熟悉水性

（一）水中行走练习方法

扶池边前进、后退，进行单独在水中变向前进、后退、侧向行进及各个方向的走、跑、跳、转身。

（二）呼吸练习

深吸气，入水至浸没鼻，稍闭气后用口鼻同时慢呼气，然后出水，用口吸气，重复练习；扶池槽或在同伴帮助下，深吸气后，头全部入水，同上练习。站立，上体向前俯做上述练习（图 9-1）。

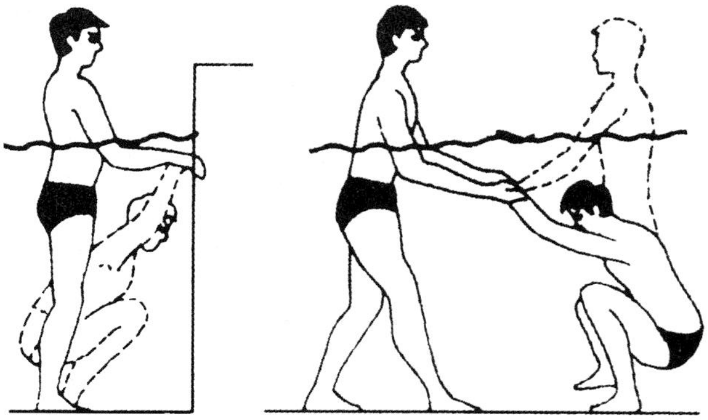

图 9-1 呼吸练习

（三）浮体练习

（1）抱膝浮体练习方法：在水中站立，深吸气→下蹲低头，抱膝团身→轻蹬地，自然漂浮→闭气→慢吐气→两臂前伸下压抬头→伸腿站立，头出水吸气。上述练习重复进行（图 9-2）。

图 9-2　抱膝浮体练习

（2）展体浮体练习方法：水中站立，深吸气→上体前倾头入水→前脚掌轻蹬地→伸展身体自然漂浮→闭气→收腹屈膝收腿→两臂下压抬头，伸腿站立（图 9-3）。

图 9-3　展体浮体练习

（四）滑行练习方法

（1）蹬池底滑行（图 9-4）。

（2）蹬池壁滑行（图 9-5）。

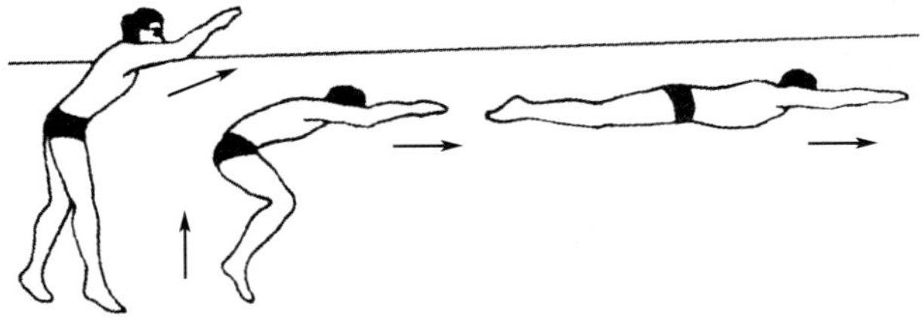

图 9-4　蹬池底滑行

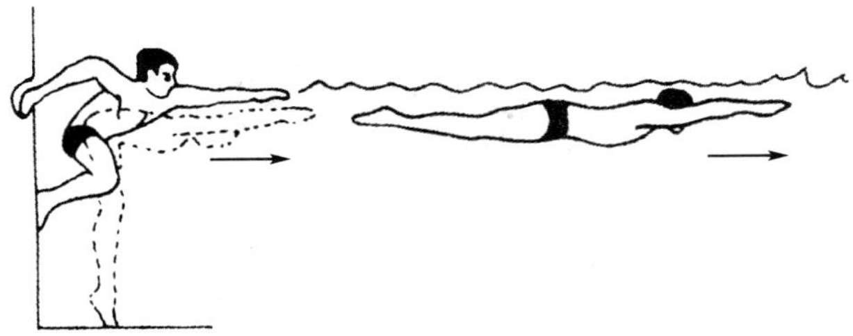

图 9-5　蹬池壁滑行

（五）练习要求

熟悉水性的练习要在齐腰深水中进行，并在教师的指导下练习。

二、游泳技术练习

（一）蛙泳

1. 蛙泳技术　蛙泳技术分为身体姿势、腿部动作、臂部动作、臂腿和呼吸的配合几个部分。

（1）身体姿势：蛙泳在游进中身体俯卧，必须保持较好的流线型姿势，以便减少阻力，充分发挥手臂和腿的作用。身体在游进中不是固定在一个位置上，而是随着手、腿动作不断变化着。当蹬腿结束时，运动员两臂并拢前伸，两腿伸直，这时身体处于较好的流线型滑行姿势，身体较平，头略抬起，水浸于前额处。要保持身体呈良好的流线型，应展胸，稍收腹，微塌腰，两腿并拢，两臂尽量伸直，颈部紧张，下颌微收，眼睛注视前下方。当吸气时，下颌露出水面，肩部升起。这时身体与水平面角度较大，夹角约 15°，当蹬腿时脸部又浸入水中。

（2）腿部动作：蛙泳的腿部动作是推动身体前进的主要动力，为了便于分析，将腿的动作分为收腿、翻脚、蹬腿、滑行四个阶段，但它们是紧密相连的完整动作。

收腿：把腿收至能为翻脚、蹬水创造有利位置，同时既要减少阻力，又要考虑到手腿配合的需要。开始收腿时，两腿随着吸气的动作，自然向下，同时两膝自然逐渐分开，小腿向前回收。回收时两脚放松，脚踵向臀部靠拢，边收边分。收腿时力量要小，两脚和小腿回收时要收在大腿的投影截面内，以减少回收时的阻力。收腿结束后，大腿与躯干夹角为 120°～140°，两膝内侧与髋关节同宽。

翻脚：在蛙泳技术中，翻脚动作很重要，直接影响到蹬水效果。翻脚动作，首先取决于踝关节的灵活性和腿部的柔软性。一般来说如果踝关节灵活性不好可采用较宽的收腿技术，踝关节灵活性较好可采用较窄的收腿技术。收腿将结束时，脚仍向臀部靠近，这时膝关节向里扣同时两脚向外侧翻开，使脚和小腿内侧对好蹬水方向，做好积极准备。收腿与翻脚、蹬水是一个连续完整的动作过程。正确的翻脚动作，是在收腿未结束前就开始，在蹬水开始时完成。如果翻脚后，腿处于停滞状态，则会破坏动作的连贯性并增大阻力。

蹬腿：蛙泳腿部动作效果好坏，取决于蹬腿技术。当前蛙泳蹬腿动作，越来越着重在"踵"的作用上，即由大腿发力，做尽量向后方蹬水的动作。蹬水动作实际包括夹水动作，因为在翻脚过程中两膝向里、大腿内侧外展、两脚向外动作已经为蹬水、夹水做好了准备。同时它也限制了脚向外侧蹬，为向后蹬水提供唯一的方向。蹬水中的夹水动作，从当前的技术发展来看，由于蹬水较窄，在两腿并拢时，腿有向下压的动作，这种动作可以使身体升起，有利于向前滑行。

滑行：蹬腿结束后，腿处于略低的部位，脚距离水面为 30～40cm。这时随着蹬水的效果身体向前滑进很快，如果腿处于过低的部位，会增大压力。所以蹬腿动作结束后，应保持较高的位置，以利于减少阻力，并为下一动作做好准备。

(3)臂部动作：蛙泳臂划水动作可以产生很大的推进力，特别是现代蛙泳技术，强调充分发挥臂滑水的作用。因此，掌握合理的臂划水技术，能有效提高蛙泳技术水平。

开始姿势：当蹬水动作结束时，两臂保持一定的紧张度，自然向前伸直，两臂与水平面平行，掌心向下，手指自然并拢，使身体成一直线，形成较好的流线型。

抓水：从开始姿势起，手臂先前伸，使重心向前，并稍勾手腕两手分开向侧斜下方压水。

划水：当两手做好抓水动作，两臂分开至 40°～45° 夹角时，手腕开始逐渐弯曲，这时两臂两手逐渐积极地向侧下、后方屈臂划水，手臂划至两臂夹角约成 120°时即应连续过渡到向里做收手动作。划手和收手时，手走的路线不应到肩的下后方，应在肩的前下方。

收手：划水阶段的继续，收手过程也能产生较大的作用力和上升力。收手时将手臂向里、向上收到头前下方，这时前臂与肘几乎同时做动作。收手时不应降低划水速度，而是以更快速度来积极完成。

伸臂：伸臂动作是由伸直肘关节、肩关节来完成的。掌心由朝上逐渐转向下方，同时向前伸出手臂。

2. 腿部练习方法

(1) 在陆地上按口令分四步做收腿、翻脚、蹬夹水、伸直动作，逐渐过渡到一步连贯完成，然后在水中练习以上动作(图 9-6A)。

(2) 扶池壁结合呼吸练习(图 9-6B)。

(3) 借助浮板或同伴的手练习(图 9-6C)。

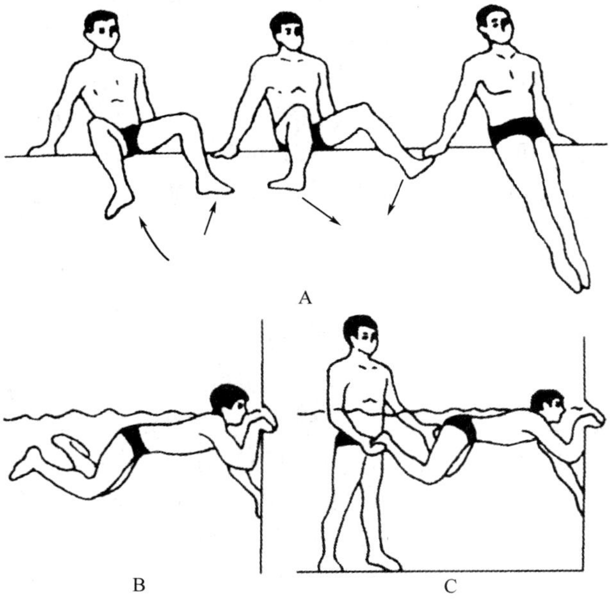

图 9-6　蛙泳腿部练习

3. 手臂动作及手臂与呼吸配合动作练习

(1) 在陆地上分三拍做划水、收手、伸臂动作，逐渐过渡到一拍完成，配合呼吸，划水吸气、收手低头闭气、伸臂呼气(图 9-7A)。

(2) 在齐腰深水中练习手臂与呼吸配合技术(图 9-7B)。

图 9-7　蛙泳手臂动作及手臂与呼吸配合动作练习

(3) 腿夹浮板练习手臂与呼吸配合技术。

4. 完整练习

(1) 陆地上结合呼吸模仿练习

练习要求：先在陆地上徒手练习，再过渡到水中练习。明确腿、臂的动作要跟呼吸配合，注意“收→翻→蹬→夹”技术动作定型与呼吸的时机，练习完整动作的节奏，由慢到快。

链接

蛙泳口诀：蛙泳姿势像青蛙两臂对称侧下划，两腿向后蹬夹水，臂腿伸直划一会。

(2) 蛙泳完整动作配合(图 9-8)

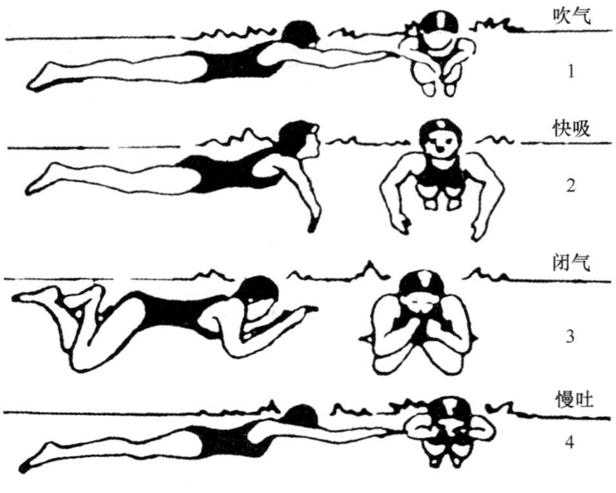

图 9-8　蛙泳完整练习

（二）自由泳（爬泳）

1. 自由泳技术 “自由泳”也称“爬泳”。自由泳时，人体呈俯卧姿势，两腿上下交替打水，两臂轮流向后划水，动作结构简单，自然合理，腿臂协调配合，它是四种竞技游泳技术中速度最快的。下面介绍自由泳的技术。自由泳技术可分为身体姿势、腿部动作、臂部动作、腿和臂的配合以及臂和呼吸的配合几个部分。

（1）身体姿势：自由泳时，身体要保持水平姿势，呈较好的流线型。身体纵轴与水平面成3°～5°角，头与身体纵轴夹角成20°～30°，眼睛向前下方看，水平面接近发际。这样可减少游进时的阻力，有利于发挥两臂的作用。

（2）腿部动作：游进时两腿做上下打水动作，两脚尖上下打水的垂直距离为30～40cm。腿向下打时用力，向上时放松。打腿动作是以大腿发力，带动小腿，膝关节适度紧张，屈到最大时约成160°，踝关节自然放松，做有力的鞭打水动作。打腿在自由泳中的作用主要是维持身体平衡，使下肢抬高保持身体呈较好的流线型，以及协调配合两臂有力的划水动作，同时也产生一定的推进力。

（3）臂部动作

1）入水：完成空中移臂后，手在控制下自然放松入水。手的入水点一般在身体纵轴和肩关节的前后延长线之间。入水时手指自然伸直并拢，臂内旋使肘关节抬高处于最高点，手掌斜向外下方，使手指首先触水，然后是小臂，最后是大臂自然插入水中。

2）抱水：臂入水后，在积极向下方插入的过程中，手掌从向斜外下方转向斜内后方并开始屈腕、屈肘，肘高于手，以便能迅速过渡到较好的划水位置。抱水结束，肘关节屈至150°左右，整个手臂像抱着一个大圆球似的为划水做准备。

3）划水：划水是发挥最大推进作用的主要阶段，其动作过程可分为拉水和推水两个部分。紧接抱水阶段进入拉水，这时要保持抬肘，并使大臂内旋。同时继续屈肘，使手的动作迅速赶上身体的前进速度，同时，也使主要肌肉群在良好的工作条件下进入推水动作，拉水至肩的垂直平面后，即进入推水部分，这时肘的屈曲度约为100°。大臂保持内旋姿势，带动小臂，用力向后推水。同时，使肩部后移，以加长有效的划水路线。向后推水有一个从屈臂到伸臂的加速过程，手掌从内向上，以从下向上的动作路线加速划至大腿旁。整个划水动作，手的轨迹始于肩前，继之到腹下，最后到大腿旁，呈S形。

4）出水：划水结束时，掌心转向大腿，出水时小指向上，手臂放松，微屈肘。由上臂带动，肘部向外上方提拉带前臂和手出水面，掌心转向后上方。出水动作必须迅速而不停顿，同时应该柔和、放松。

5）空中移臂：紧接出水不停顿地进入空中移臂，移臂时，肘高于手。

2. 腿部动作练习

（1）坐或俯卧池边，直腿打水练习（图9-9）。

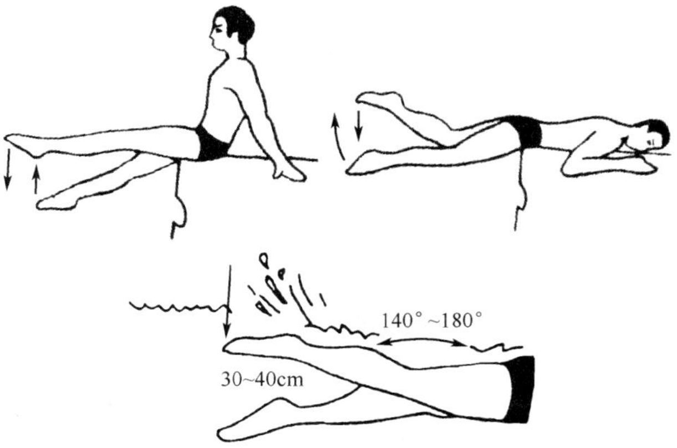

图9-9 自由泳直腿打水练习（坐或俯卧池边）

（2）浅水中手撑地，直腿打水练习（图9-10）。

（3）俯卧于浮板上练习直腿打水（图9-11）。

3. 手臂动作和手臂与呼吸配合动作练习

（1）陆上模仿动作，建立抱水、拉水、推水、划水动作定型；水中站立，上体前倾做划水练习，先闭气，逐步增加呼吸次数（图9-12）。

图9-10 浅水中手撑地，直腿打水练习

图9-11 自由泳直腿打水练习（持浮板）

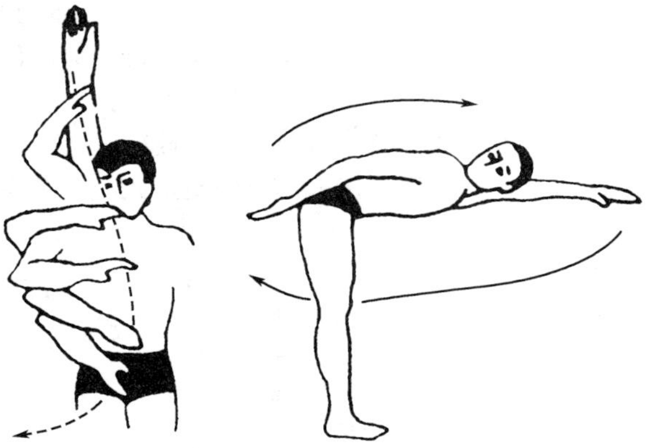

图 9-12　手臂动作和手臂与呼吸配合动作练习

（2）背浮球完整练习，配合呼吸巩固提高动作技术，并纠正错误动作。

练习要求：多做借助浮板的手臂和腿的专项练习，明确自己呼吸的时机，掌握手臂划水和两腿打水的技术。

链 接

自由泳口诀：爬泳如在水中爬，两臂交替把水滑，身体保持水平位，两腿上下似鞭打。

（3）自由泳完整动作配合（图 9-13）。

图 9-13　自由泳完整动作配合

（三）侧泳

侧泳有很大的实用价值，广泛运用在水中拖运物品和救护溺水者等方面。因此，侧泳深受广大群众喜爱，并有着广泛的群众基础。侧泳时，身体侧卧水中，两臂交替或同时划水，两腿蹬剪水，头向体侧转动呼吸。

侧泳腿的技术动作包括收腿、翻脚、蹬剪腿三个部分，与蛙泳腿的动作相似，区别在于：侧泳腿一上一下，上腿动作幅度大，方向向正后方，下腿动作幅度小，方向向侧后方，而蛙泳两腿动作左右对称。

两臂交替划水，上面臂动作与爬泳相似，下面臂在水中靠近胸前侧斜下方进行前伸、划水动作（图 9-14）。

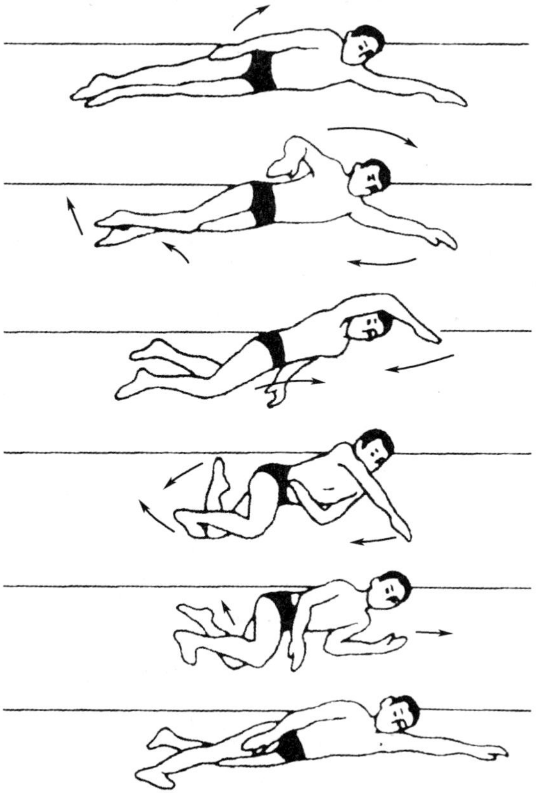

图 9-14　侧泳

（四）潜泳

潜泳是在水下游进的一种游泳技术，广泛应用在打捞溺水者和水中沉物、进行水下工程等方面。潜泳分潜深和潜远，它们有各自不同的用途。

1. 潜深　简单快捷地探测未知水域深浅的一种实用型技术，一般分两种情况入水：一种是从陆地上采用出发跳水的形式潜入；另一种是从水面上向下潜入。前者受地域限制较大，所以后者最常用，有脚先入水（图 9-15）和脚后入水（图 9-16）两种技术。

2. 潜远　一般不使用器材。潜远的技术主要有蛙式潜泳、蛙式长划臂潜泳及爬式潜泳。

蛙式潜泳是在水下利用蛙泳技术潜泳，与蛙泳相比，头的位置稍低，以保证在水下前进不浮起来。蛙式长划臂潜泳与蛙泳相似，尽量加长手臂划水距离与腿蹬夹水幅度，手臂划水到腿的两侧。爬式潜泳腿的动作同自由泳腿的打水动作，两臂向前伸直。

图 9-15　潜深（脚先入水）

图 9-16　潜深（脚后入水）

（五）踩水

踩水也称立泳，是实用价值较高的游泳技术之一。日常运用广泛，如持物游进、水面观察、救溺水者、水中休息、抢险救灾等（图 9-17）。

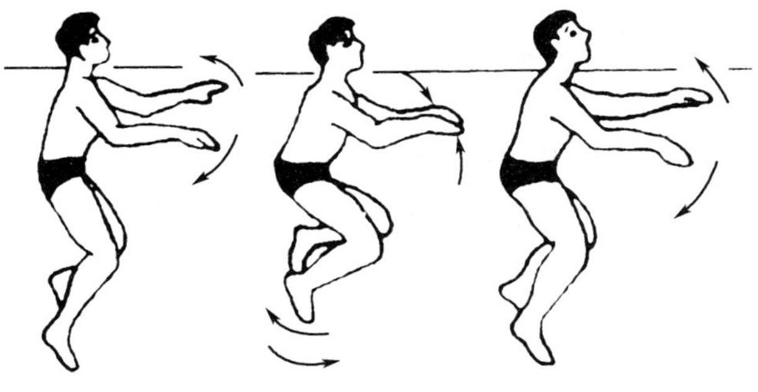

图 9-17　踩水

1. 腿的技术动作　分两种，一种是两腿交替蹬水，腿的蹬水及回收路线几乎呈椭圆形；另一种是两腿同时蹬夹水，与蛙泳腿的技术动作相似。两种不同的技术动作都要求腿部动作的连续性。

2. 手臂动作　两臂弯曲在胸前做向内、向外的“摸水”练习，路线呈弧形。

练习要求：腿臂配合连贯协调，呼吸自然，可根据需要前进、后退、转体等。

链 接

游泳比赛的项目设置如下。

自由泳（50m，100m，200m，400m，800m，1500m），仰泳（50m，100m，200m），蛙泳（50m，100m，200m），蝶泳（50m，100m，200m），个人混合泳（200m，400m），自由泳接力（200m，400m），混合泳接力（4×100m）。奥运会游泳比赛在 50m 池进行，男子不设 800m 自由泳，女子不设 1500m 自由泳。男女都不设 50m 的仰泳、蛙泳和蝶泳项目。

第三节　游泳安全与救护

一、游泳安全卫生

游泳时应注意下列情况：

（1）水源不明不游，水源不洁不游，水源周围的环境不卫生不游，雷雨天不游。

（2）患心脏病、高血压、肺病、肾脏病和严重沙眼、中耳炎、鼻炎、传染性皮肤病、痢疾及细菌性肠炎等疾病不游。

（3）疾病初愈，未彻底恢复健康不游。

（4）女子月经期不游。

（5）空腹、饭后和剧烈运动后不游。

（6）运动或劳动疲劳未消除不游。

（7）不做准备活动不游。

（8）入水后如水温过低或持续一段时间后，身体感到寒冷，皮肤苍白或起鸡皮疙瘩，嘴唇呈青紫色，浑身打战，表明身体已不适应水中环境，应立即上岸，擦身、着衣保暖，停泳休息。

二、游泳的自我保护和自救

水上救护是实用性极强的一种生活技能。例如，在抗洪抢险或发现有人溺水时，就可及时采取措施，进行营救，以挽救他人的生命。

在游泳中，身体各部肌肉都可能发生抽筋现象，经常发生抽筋的部位有小腿和大腿，但手指、脚趾，甚至胃部也会发生抽筋。抽筋的原因通常是下水前未做好准备活动，身体过于疲劳，或突然遇到寒冷的刺激，水温过低、过分紧张、动作不协调等。发生抽筋时必须保持镇静、不慌张，可呼救或自救。抽筋后应上岸擦干身体，按摩抽筋部位，注意保暖。在水中自我解救抽筋部位的方法，主要是拉长抽筋的肌肉，使收缩的肌肉松弛和伸展。

（一）呛水

刚学会游泳的人，遇到水浪常会发生呛水，这时如果心慌、紧张，可造成连续呛水。当发生呛水时，应采用踩水姿势，脸部转向回避水浪方向；或放松地仰浮，使呼吸自如，待稍事休整恢复平静后，再转入正常游泳。在没有掌握仰浮和踩水技术之前，绝不可到深水区游泳。

（二）抽筋（痉挛）

寒冷、疲劳、动作过分紧张都易引起抽筋。局部抽筋并无多大危险，仍可游回岸边。如果必须在水中解除，一般可采用牵引方法，通过拉伸抽筋部位的肌肉而使之缓解。

（1）手指或上臂抽筋：手指抽筋时，先抓握，后张开，反复几次，直至抽筋解除为止；上臂抽筋时，握拳并尽量屈肘，然后伸直。反复几次便可解除（图 9-18）。

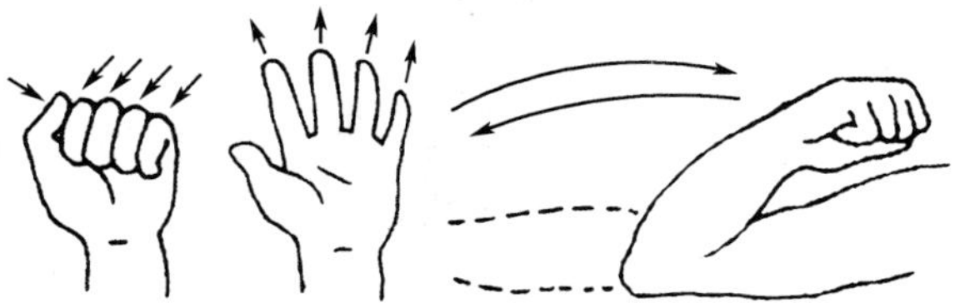

图 9-18　手指或上臂抽筋

（2）脚趾或小腿抽筋：脚趾抽筋，先吸一口气，仰浮水上，用一只手握住抽筋的脚趾，将其扳直；如果小腿抽筋，可一手握脚往里拉，另一手推压膝盖，将小腿扳直，1～2min 就能解除（图 9-19）。

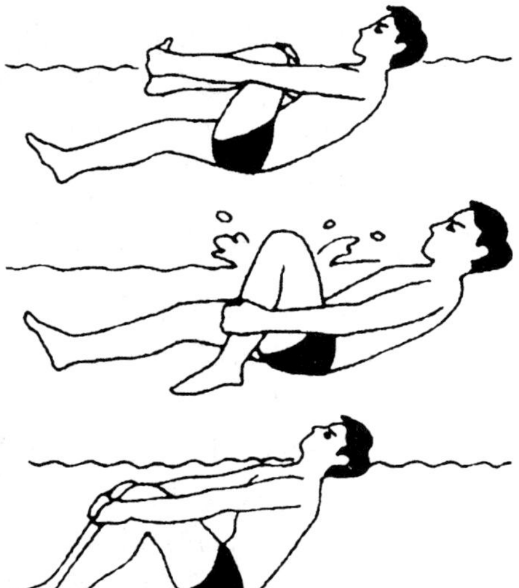

图 9-19　脚趾或小腿抽筋

（3）大腿抽筋：采取仰浮姿势，屈膝抱脚，把小腿贴在大腿后面，做几次震颤动作，随即伸直，就可缓解。

（4）腹部抽筋：用仰浮姿势，迅速屈腿抱膝，使大腿靠近腹部，然后向前伸直，但勿用力，重复几次，并同时发出呼救。

（三）穿过急浪

遇到小的风浪，可转头吸气避免呛水。若浪从侧面而来，可向另一侧转头吸气。浪从正前面来，可向侧后方转头吸气。遇到较大的风浪时，要使呼吸动作与波浪起伏相适应，浪来之前（波谷处）吸气，然后把头浸入水中穿浪而过，再转头吸气，掌握了一浪一呼吸的规律，就能顺利地破浪前进。

（四）冷水流

水库、河流、湖泊中常因水温的差异、河床高低不平、水底有突起岩石或凹陷深潭等出现旋涡。游泳者应尽量避免游进旋涡。一旦误入也不要紧张，要平卧于水面，用爬泳或侧泳尽快地顺着旋涡的外沿冲出去。绝不可踩水或蜷缩身体，以免越陷越深。

（五）游出水草

一旦碰到水草丛生的水域，被水草缠住了脚，一定不要惊慌挣扎，要仰卧于水面，轻轻摆动双脚，两腿伸直轻轻打水，保持平衡，手臂贴于身旁，做小幅度的划水，从原路退回（图 9-20）。

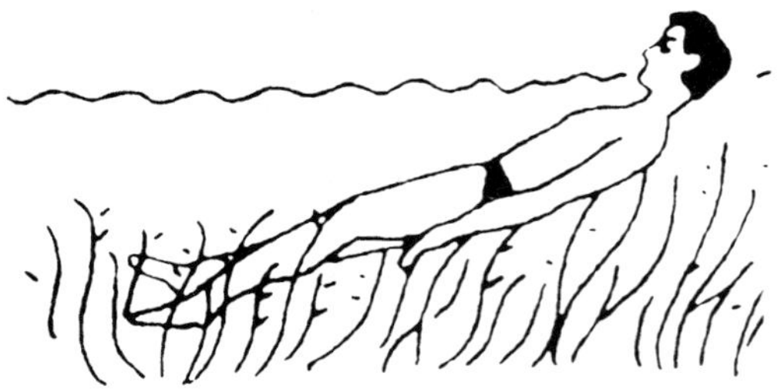

图 9-20　游出水草

（六）器材救护

如溺水者离岸较近，且神志清醒时，可利用手边的浮筒、木板、救索（一端结上漂浮物）等，抛向溺水者身前，进行救援。如果身边无可用物，溺水者又过分紧张，挣扎乱动，则不论离岸远近，都须尽快直接救护。

二、直接救护的基本方法

直接救护技术是救护者不借助救生器材而对溺水者施救的一种技术。直接救护技术大致可分为入水前的观察、入水、接近溺水者（包括解脱）、拉运、上岸（包括抢救）等过程。直接救护技术要求高，难度大，一定要在教师或专业救护人员的指导下，经过反复训练才能掌握。

（一）入水和游近溺水者

要选择能最快接近溺水者的地点，用带助跑的方法跃入水中（与出发动作类同）。但是，如果不熟悉水情或离溺水者很近时，宜用脚先入水的方法，以免入水过深而发生意外。在河里要根据水流方向，在溺水者的上游入水。入水后以最快的游速游近溺水者，游近时始终要注视目标，并保持一定的体力，以便水中救护拖带，游近溺水者后，须用蛙泳或潜泳，从后面接近溺水者，托其臀部，使其头露出水面，再进行拖带；若从正面接触可两手扭转其臀部，使其背向自己或拉住溺水者的手，使其转至背向自己，再将其脸部托出水面，并使其身体仰卧，以便拖带（图 9-21）。

图 9-21 游近溺水者

（二）水中拖带

拖带溺水者宜采用反蛙泳或侧泳，并时刻注意使溺水者脸部露出水面。

（1）仰式拖带法：双手托溺水者头部或腋下，用反蛙泳进行拖带，或单手托住溺水者后脑勺或肩、腋部拖带，另一臂可做划水动作（图 9-22）。

图 9-22 仰式拖带法

（2）侧式拖带法：可托溺水者同侧肩腋部或头部，或抓握其头发或抓其手背，用侧泳拖带，也可一手斜抱溺者上体进行拖带（图 9-23）。

图 9-23 侧式拖带法

（三）水中解脱

（1）救人者从后面抱住溺水者腰部，分别用左、右两手抓住溺水者的手指，用力向两侧扳开；若两手同时被抱住，则用力张臂，同时身体下沉，解脱后抓住溺水者进行拖带（图 9-24）。

（2）被溺水者从后面抱住颈部时，一手抓其手腕，另一手托其肘部向上推开，然后使其转体背对救人者，再做拖带（图 9-25）。

（3）被溺水者从前面抱住腰背时，可一手托其下颌，另一手抱其头后，扭转其头部，即可解脱（图 9-26）；或一手抱其腰部，一手托其下颌，扭转其头部进行解脱。

图 9-24 水中解脱（被溺水者从后面抱住腰部）

图 9-25 水中解脱(被溺水者从后面抱住颈部)

图 9-26 水中解脱(被溺水者从前面抱住腰背部)

(四) 岸上急救

将溺水者救上岸后,先排除口腔、鼻孔堵塞之物,如其腹中有水须进行倒水,然后进行人工呼吸和胸外心脏按压。

链接

游泳是在水中进行的,水的密度和导热性都与空气不同。水的密度是空气的 800 倍,水的导热能力、压力和阻力都比空气大。因此,游泳对人的新陈代谢、生长发育、延缓衰老都有积极的作用。

(1) 游泳可提高人的呼吸功能。

(2) 游泳能够促进人的血液循环。

(3) 游泳能够调节人的体温,预防血管老化。

(4) 游泳能够消除人的疲劳。

(5) 游泳有减肥的作用。

因初学者不会克服和利用水的浮力、阻力和压力,在齐腰、胸深的水中站不稳、呼吸困难,有时甚至引起呛水,容易产生怕水心理。克服怕水的心理是学习游泳的第一步。

思考题

1. 怎样克服怕水的心理?
2. 试述自由泳的最佳呼吸时机。
3. 怎样解除脚趾和小腿抽筋?
4. 试述水上直接救护的基本方法。

第十章

健美体操与现代交际舞

第一节 健美体操

一、概　　述

（一）定义

健美体操是以身体练习为基本手段，匀称和谐地发展人体、塑造体形、培养优美的姿态和动作，增强体质，促进人体形态更加健美的一种体育运动。它融体操、舞蹈、音乐于一体。

（二）训练方法

健美体操以形体美为主，此外还包括姿势美和动作美。身体运动也必须运用多种方法，以达到肌肉均匀发达的目标。身体锻炼采用力量锻炼、身体基本素质锻炼、有氧运动等。

力量训练的目的是发展肌肉。一般来说，健身和健身器材是用来锻炼身体的。科学的力量训练，可以发展肌肉协调性，塑造肌肉线条。这项运动经常用于男子健美操。

有氧练习目的是消耗能量，一般多采用长跑、健美操等形式进行锻炼。有氧锻炼每次必须持续 30min 以上才会收到良好的效果，女子形体锻炼多采用此练习。

链 接

有氧健身操

有氧健身操就是具有“有氧运动”特点的健身操，即在音乐的伴奏下，能够锻炼全身的健身运动。但运动时间至少需 12min。广播操、课间操不是有氧操，它们只能算健身操，其效果没有有氧操的效果好。

力量和柔韧性是形体基本素质中最主要的，它们的强弱涉及控制力和表现力的效果。基本功训练是形体训练的重要内容，通过基本功训练增强腰部、腿支持人体站立和立腰、立背的力量及身体各部位的柔韧性。重点是发展形体基本素质，提高形态的控制能力。

（三）标准的身体状态

健美的身体和体形需要通过优美的姿态来表现。姿态是人在坐、立、行时的身体形态，要保持姿态美，脊柱是关键。

（1）坐姿的形态：上体正直，两肩自然下垂，两膝自然弯曲，大腿保持在水平部位，两脚掌均匀着地。

（2）立姿的标准：上体正直，挺胸收腹，两肩平行稍向后展开，两臂自然下垂，抬头，颈部保持正直微前倾，两膝伸直，两脚掌均匀着地。

（3）行姿的标准：一腿自然弯曲向正前方抬起，落脚要正，膝关节伸直，后腿绷直，前脚掌蹬地使重心前移，两臂自然前后摆动，上体动作同立姿的标准。

二、形体健美锻炼的内容与方法

为了塑造形体美，可以进行局部锻炼。如颈、肩、胸、背、腰、臀、大腿、小腿等部位的规范化训练，能使人强壮丰满，四肢匀称和谐，肌肉线条清晰有弹性，关节灵活，同时能防止身体机能和肌肉老化，预防疾病。

（一）女子身体各部位形体健美的原理及健身练习

1. 颈部

（1）颈部肌肉结构：颈部的两侧由斜方肌和胸锁乳突肌等肌肉组成。

（2）颈部容易存在的问题：颈部肌肉可影响颈部的健美，如果颈部肌肉松弛，那么脖颈会向前弯曲，人显得软弱无力，自然会影响一个人的风度。当然，由于脂肪过多而引起的脖颈粗、双下巴、脂肪堆积等表现，也会造成颈部的不美观。

（3）颈部锻炼方法

练习一

预备姿势：两腿开立，双手交叉握于头后。

动作做法：用力将头慢慢拉向前屈，同时颈部肌肉退让做功，直到头部被拉前屈至最大限度。然后头后仰，同时双手用力前拉，头对抗（图 10-1）。

重复 8～12 次。

要求：练习时，用力舒缓，动作慢而匀速。

图 10-1　颈部练习一

练习二

预备姿势：两腿开立，左手中指按压右太阳穴。

动作做法：用左手将头往左侧扳，颈部肌肉收缩克服左扳力，使头慢慢屈向左侧，控制 5s 后还原。然后换右手向右侧扳（图 10-2）。

图 10-2　颈部练习二

重复 4～8 次。

要求：练习时，肩要下沉。

（4）颈部锻炼的作用：通过头颈部的运动，可以锻炼颈部肌肉，使颈部挺直，看起来比较修长，防止肌肉松弛和脂肪堆积，减少面部和颈部的皮肤皱纹。颈部锻炼还可以预防这一部位的关节疾病。

2. 肩部

（1）肌肉结构：三角肌环抱着肩关节，从而形成了肩膀的柔和曲线，这块肌肉十分重要，三角肌的均衡发展协调着肩部运动。

（2）肩部容易存在的问题：如果肩部长期以来的空间位置不正确，就会造成端肩、斜肩、背肩、扣肩等问题。常年做案头工作的人，因为肩部得不到适当的运动而易患肩周炎等疾病。有的人由于缺乏锻炼，肩部显得小而干瘪，肩膀无力而前倾，使得胸部下陷，从而背部异常，造成肩胛骨凸出。

（3）肩部锻炼方法

练习一

预备姿态：两腿开立，两臂垂于体侧。

动作做法：双肩慢慢上提至耳朵下方，然后下沉，颈部伸长（图 10-3）。

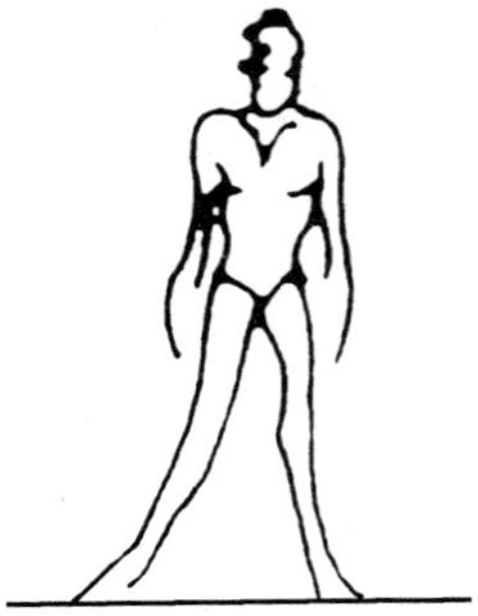

图 10-3　肩部练习一

重复 20～25 次。

要求：颈与头不要前探。

练习二

预备姿态：两腿开立，双手叉腰。

动作做法：左肩向前摆，同时右肩稍向后摆（图 10-4）。然后做右肩向前摆，左肩向后摆。

图 10-4　肩部练习二

重复 20～25 次。

要求：肘关节摆动不要过大。

（4）肩部锻炼的作用：肩部练习，可以促进胸部肌肉和骨骼的活动，增强胸部的柔韧性，对保持发展胸肌、促进血液循环、加强呼吸都很有益。肩部锻炼，可以使肩部线条产生明显变化。

3. 胸部

（1）肌肉结构：胸大肌是位于胸廓前上部的肌肉，通常称为胸肌，呈扇形，起自锁骨内侧，肌束向外侧集中，止于肱骨大结节嵴，形成优美的肌条。

（2）胸部容易存在的问题：胸部肌肉萎缩会造成含胸、驼背等问题。特别是对于女子来说，线条起伏的胸部是女子富于曲线美极重要的物质条件。但很多女子的乳房发育并不理想，有的乳房扁平，有的下坠。

（3）胸部锻炼方法

练习一

预备姿态：两腿开立，两臂垂于体侧。

动作做法：匀速挺胸，使肩外展，然后匀速含胸，使两肩内合,胸廓内收(图 10-5A、图 10-5B)。

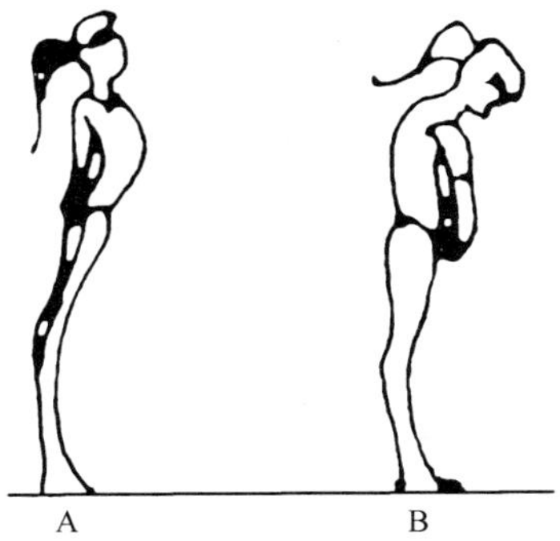

图 10-5　胸部练习一

重复 25~30 次。

要求:速度要均匀,动作要缓慢。

练习二

预备姿态:两腿开立,两臂胸前平屈,两手握拳,拳心向下。

动作做法:拉臂振肩扩胸,然后两臂经前举伸直向后拉臂扩胸(图 10-6)。

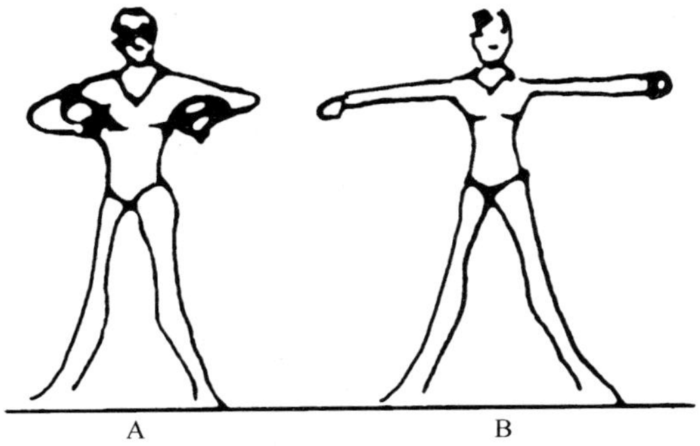

图 10-6　胸部练习二

重复 20~25 次。

要求:扩胸时,两臂保持水平,胸向前挺进。

(4) 胸部锻炼的作用:经常进行胸部锻炼,可使胸廓更好地发育,增大肺活量,同时对乳房发育十分有益,可使产后乳汁分泌旺盛,已生育的女性,更应经常进行胸部锻炼,防止乳房下垂和乳腺炎,使胸部保持健美。

4. 背部

(1) 肌肉结构:背浅层肌包括斜方肌、背阔肌、肩胛提肌和菱形肌。斜方肌位于颈部和背部的皮下,一侧为三角形,两侧相合为斜方肌,起于上项线、枕外隆凸、项韧带第 7 项椎棘突、全部胸椎棘突及其棘上韧带,止于锁骨外 1/3、肩峰和肩胛冈。

(2) 背部容易存在的问题:没有强健发达的肌肉,也就不能有结实的背和笔直的脊梁。如果背部肌肉萎缩,使背部积满一层松软无力的脂肪,由于肌肉萎缩变窄,造成驼背,同时脊背沟消失,斜方肌和腰背肌部位也储满了脂肪,人体两侧脂肪层加厚,腰部肥大臃肿,背部显得更窄小。

(3) 背部锻炼方法

练习一

预备姿态:两腿开立,双手体后五指交叉。

动作做法:两臂伸直,双手用力上提,挟背抬头。然后上体慢慢前屈,同时两臂用力上抬,还原(图 10-7)。

图 10-7　背部练习一

重复 8~16 次。

要求:速度要均匀。

练习二

预备姿态:双手体后撑椅(或床)边,屈臂屈膝,椅前下蹲。

动作做法:两臂撑起同时挺胸抬头,然后下蹲还原(图 10-8)。

图 10-8　背部练习二

重复 16~20 次。

(4) 背部锻炼的作用:背部锻炼,可以预防和矫正驼背现象,削减背部脂肪,强健颈后部肌肉、三角肌和背阔肌,使形体挺拔健美。

5. 腹部

(1) 肌肉结构:腹部由腹直肌、腹外斜肌、腹内斜肌和腹横肌组成。这些肌肉使腹部坚实而富有弹性。腹直肌位于腹前壁正中线两侧。腹外斜肌位于腹前外侧面浅层,组成侧腹壁,腹内斜肌位于腹外斜肌深层,由于肌纤维是从后上方斜向前下方的,能维持和增加腹压,保持人体内脏各就其位。

(2) 腹部常见问题:腹部是人体容易储存脂肪的部位。男子是储备在肚脐上方,而大多数女子是储备在肚脐周围或下腹。如果腹部肌肉萎缩,脂肪会很容易堆积腹壁,对内消化器官形成压力,使腹部隆起,影响外观,而下腰部则被压扁凹陷,极大地影响身体健康和曲线的美观。腹部充满脂肪,破坏体形协调,加重腰部负担，严重影响臀部和腿部外形。

（3）腹部锻炼方法

练习一

预备姿态：仰卧，两臂伸直上举。

动作做法：弯曲两腿，将双膝提至胸部，上体同时前倾，双手抱住小腿，然后还原（图 10-9）。

图 10-9 腹部练习一

重复 16～20 次。

要求：速度不要太快。

练习二

预备姿态：仰卧，两臂伸直于体侧，头部抬起。

动作做法：保持头部抬起，两腿伸直上举然后还原（图 10-10）。

图 10-10 腹部练习二

重复 16～20 次。

（4）腹部锻炼的作用：腹部锻炼可以防止腹部肌肉松弛，减少皮下脂肪，按摩腹部和盆腔组织。

6. 腰背部

（1）肌肉结构：背阔肌是伏于脊柱两侧的长的两条肌肉，它从下腰部起，上延到斜方肌覆盖的颈部为止。

（2）腰背部容易存在的问题：腰背部肌肉萎缩时，脊椎沟凹状消失。消瘦时，脊柱明显地裸露出来，影响人体美。而发胖时，脂肪混同萎缩的肌肉把脊椎沟填充，同样影响健美。腰背肌肉发达，会使人显得结实挺拔，富有朝气。反之，弯腰驼背，便给人以老态龙钟或者未老先衰之感。

（3）腰背部锻炼方法

练习一

预备姿态：跪坐，两臂上举，双手同握一个哑铃。

动作做法：上体前屈，臀部稍抬起，同时双手持哑铃接近地面，然后腰背肌收缩，上体伸展，同时两臂后振（图 10-11）。

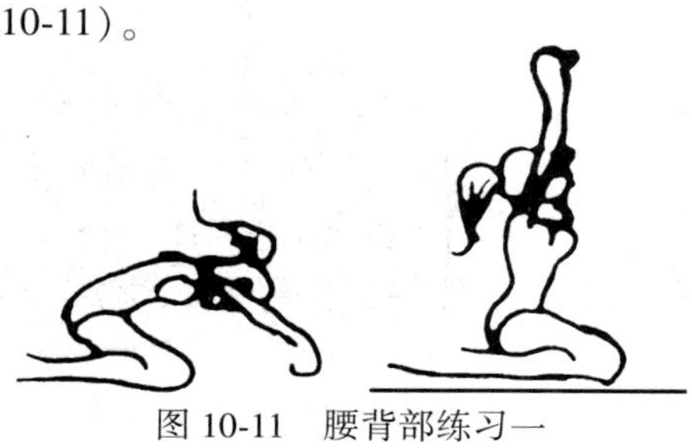

图 10-11 腰背部练习一

重复 16～20 次。

要求：两臂贴紧耳朵，速度不要太快。

线习二

预备姿态：两腿开立，臂上举。

动作做法：身体右转，体前屈，然后还原，再向左转体重复此动作（图 10-12）。

图 10-12 腰背部练习二

重复 16～20 次。

要求：体前屈时，两腿两臂都要伸直，上体做最大限度的弯曲。

（4）腰背部锻炼的作用：可以防止脊柱肌肉的萎缩，同时可以改善慢性肌劳损。腰背部系列练习配合背部肌肉训练可矫正因不正确姿势而对胸腔及心排血量产生的不良影响。腰背肌肉可改变腰背部的线条。

7. 臀部

（1）肌肉结构：一般来说，女性的臀部脂肪要比男性厚得多，但无论男女，臀部肌肉都很大，结实，且充满活力。臀部肌肉主要由梨状肌、臀小肌、臀中肌和臀大肌组成。臀大肌覆盖股骨上部和后部肌肉。臀中肌后部位于臀大肌的深层，部分位于臀大肌的上部和侧面。臀小肌位于上述两块肌肉的深层。

（2）胯和臀部容易存在的问题：臀部缺乏锻炼，会造成臀部皮上脂肪增厚或臀体下坠，也有人臀部发育不好，臀扁平。这些都会影响身体的曲线美。

（3）臀部锻炼方法

练习一

预备姿势：俯卧，两腿伸直，两臂前举。

动作做法：左、右腿依次上抬，臀肌收缩（图 10-13）。

图 10-13 胯和臀部练习一

重复 30～40 次。

要求：抬腿时，头部不要抬起。

练习二

预备姿势；俯卧，屈膝分腿，两臂于体侧。

动作做法：臀部肌肉用力收缩。两腿蹬伸，向上挺髋，保持 2s。然后臀部下落，还原成预备姿势。接下来，团身俯卧：并腿，屈膝跪立；臀部后坐，含胸弓背。左腿单膝跪地呈90°,右腿膝踝绷直,向后上方伸展;双臂伸直撑于垫上,抬头挺胸成跪撑姿态。两边交替进行(图10-14)。

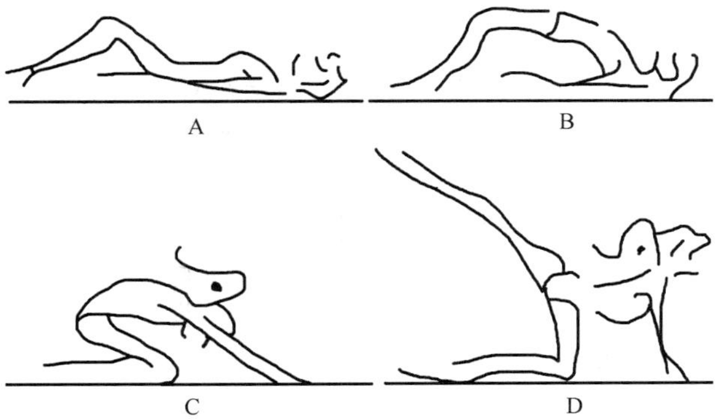

图10-14　胯和臀部练习二

重复20~25次。

要求:挺髋时,臀部肌肉收紧。

(4)臀部锻炼的作用:经常进行臀部锻炼,可以提高髋关节的灵活性,减少臀部脂肪堆积,使臀位上提,臀部肌肉紧而富有弹性。

8. 大腿

(1)肌肉结构:大腿肌肉主要由三组组成,即前外侧群、后群和内侧群。前外侧群由股四头肌、缝匠肌和阔筋膜张肌组成。后群则由股二头肌、半腱肌和半膜肌组成。内侧群由耻骨肌、长收肌、股膜肌、短收肌和大收肌组成。

(2)大腿位置容易出现的问题:腿部对人体线条美起着很大的作用。由于缺乏锻炼,很多人腿部脂肪堆积过多,影响了身体的美观。

(3)大腿部锻炼方法

练习一

预备姿态:仰卧,两臂平举,两腿并拢上举。

动作做法:两腿侧屈,足心相对,然后两腿伸直外展,再还原成预备姿势(图10-15)。

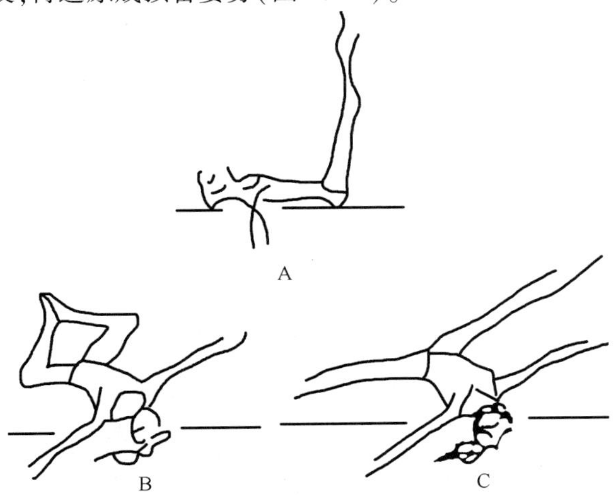

图10-15　大腿部练习一

重复16~20次。

要求:腰部不要离地。

练习二

预备姿态:身体直立,双手扶把杆(或椅子)。

动作做法:用力向侧踢脚(图10-16)。

每条腿各踢20次。

要求:大腿外旋,脚背向上。

图10-16　大腿部练习二

(4)大腿部锻炼的作用:大腿肌肉锻炼对稳固臀部的线条、维护骨盆和脊柱的位置及增强骨盆底肌肉有很大益处。坚持进行腿部锻炼,可以保持腿部围度适中,减少大腿脂肪堆积,使下肢修长,体态健美。大腿肌肉的锻炼配合腹部肌肉锻炼还可以增强静脉的血液循环,改善因缺乏锻炼或长期坐着不动所造成的静脉曲张。

9. 小腿

(1)肌肉结构:小腿肌肉和大腿肌肉一样也包括三个肌肉群,即前群、后群和外侧群。前群由胫骨前肌、趾长伸肌和拇长伸肌组成。后群包括小腿三头肌、趾长屈肌、腘肌、蹈长屈肌和胫骨后肌。外侧群由腓骨长肌和腓骨短肌组成。

(2)小腿容易出现的问题:有的人因营养不良,导致小腿弯曲,膝盖扭歪。还有人因内侧韧带松弛,严重影响膝关节的活动。扁平足的人走路时容易造成膝关节和髋关节的疲劳,同时会影响脊柱的垂直度,造成骨骼变形。

(3)小腿部锻炼方法

练习一

预备姿势:两腿开立,双手后扬。

动作做法:足跟用力向上提起,然后足跟下落,但不能着地(图10-17)。

重复20~25次。

要求:力量不要过大或过猛。

图10-17　小腿部练习一

练习二

预备姿势：坐立，两臂体后撑地，两腿伸直并拢，绷脚。

动作做法：足背屈，中趾张开，然后足背伸，还原成预备姿势（图 10-18）。

重复 20～30 次。

要求：速度不要太快。

图 10-18　小腿部练习二

（二）男子身体各部位形体健美的原理及健身练习

1. 颈部练习

（1）头后伸

做法：面对器械，戴上头套，低头，头用力后伸，将头套下拴住的弹性棒向外拉开或将悬吊的重物向上拉起（图 10-19）。这个练习做 2～4 组，每次做 10～12 次。

图 10-19　头后伸

作用：发展胸乳突出肌、斜方肌上部、夹肌。

（2）头前屈

做法：背向器械，戴上头套，昂头，头用力向前屈，将头套下拴住的弹性棒向前、向外拉开（图 10-20）。这个练习通常做 2～4 组，每组做 15 次左右。

作用：发展斜角肌、头前直肌、颈长肌及胸锁乳突肌。

（3）头侧屈

做法：侧对器械，戴上头套，头正直，头向侧屈，将弹性棒向外拉开（图 10-21），这个练习做 2～4 组，每组做 15 次左右。

图 10-20　头前屈

图 10-21　头侧屈

作用：发展同侧斜方肌上部、同侧胸锁乳突肌、同侧斜角肌。

2. 肩部练习　每个强壮的男性都有一双宽阔的肩膀。决定肩宽的条件有两个：一个是锁骨的长度，另一个是附着在锁骨末端的三角肌的丰满度。三角肌发达者即使锁骨较短，其肩部也较宽。三角肌位于肩部，呈三角形。由前、中、后肌纤维组成。其主要功能是使上臂弯曲、伸展、外展、外旋，对固定肩关节起重要作用。以下介绍肩部练习的要点。

练习一　直臂前平举、上举

做法：直立，两臂下垂持铃（杠铃、哑铃或杠铃片），直臂前平举静止 4～6s 再上举至直臂支撑（图 10-22）。

重点：身体微倾，完全用两臂上举之力，不得借助展体之力。

图 10-22　直臂前平举、上举

练习二　宽握坐推

做法：将杠铃放置在胸锁骨上，用伸臂之力将杠铃沿枕部上举至两臂在头上伸直（图 10-23）。

图 10-23　宽握坐推

重点：上举时，三角肌、胸大肌开始用力，而后肱三头肌接着用力，这时三角肌不应放松，但也不能过分紧张而形成对抗。

呼吸：上举前吸气，两臂伸直后调整呼吸，不要憋气。

（1）发展三角肌的有效练习

练习一　直臂侧平举并上举

做法：直立，两臂下垂持铃，然后直臂侧平举，稍停，再上举成直臂在头上支撑（图 10-24）。

图 10-24　直臂侧平举、上举

重点：两臂侧平举至水平位时，再上举，抬臂可微屈，不得借用外力。

呼吸：向侧上抬臂时吸气，放下时呼气。

练习二　轮换坐推大哑铃

做法：两手各握一个大哑铃坐在凳上，然后用两腿勾住坐凳使身体坐直，轮换做一臂上举，一臂放在肩上的动作（图 10-25）。

重点：臀不离凳，夹肘上推。

A　　　　B

图 10-25　轮换坐推

（2）发展三角肌后部的有效练习

练习一　俯卧平举

做法：俯卧在凳上，两臂向上抬举哑铃呈飞鸟展翅动作。两臂摆至水平位算一次，还原再做（图 10-26）。

重点：下颌要紧贴凳面，不得离开，不得借助外力，这样才能有效地发展三角肌后部肌力。

呼吸：振臂前吸气，放松呼气。

A　　　　B

图 10-26　俯卧平举

练习二　弓身侧平举

做法：两手持哑铃于体侧，弓身呈水平状，然后两臂向后上振，使器械约与肩同高，而后慢慢复原再做（图 10-27），也可俯卧做（图 10-28）。

重点：后振时吸气，复原时呼气。

图 10-27　弓身侧平举

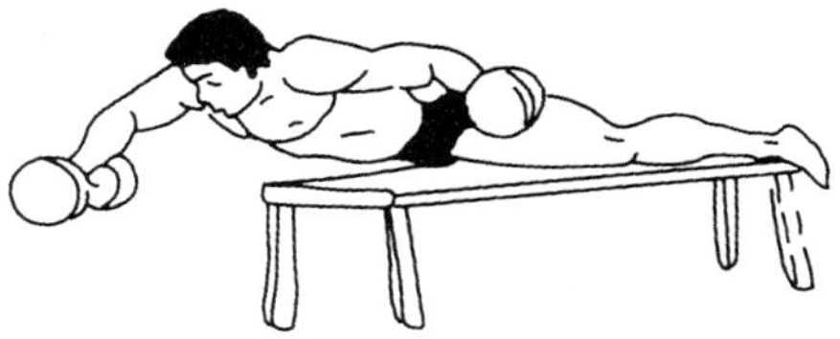

图 10-28　俯卧侧平举

3. 臂部练习　人们历来把胳膊力量的大小看作身体强壮的标志之一。又把胳膊的粗壮及线条清晰度作为健、力、美的象征。因此，粗壮有力、线条鲜明的胳膊在健美运动中占有很重要的地位。

（1）上臂练习（窄握上推）

做法：提铃至胸前，变换握距成窄握，然后用伸臂的力量将杠铃推至两臂在头上伸直，再慢慢放下杠铃至额部，连续上推（图 10-29）。

重点：采用窄握、低放以加长两臂的动作距离。伸肘过程中要夹肘。

呼吸：提铃至胸前调整呼吸，然后憋气上推，完成动作后即调整呼吸。如举的重量轻，则用力上推时吸气、放下时呼气。

说明：各种推举都能发展肱二头肌，同时能发展胸肌和三角肌。但窄握法是发展肱二头肌力量最有效的方法，应注意练习。此外，肱三头肌的肌肉力量也可以通过双臂在双主柱或单柱上弯曲和伸展，或者在家里用椅子做俯卧撑（双臂伸展，脚趾垫高）而得到锻炼。

（2）背后臂屈伸

做法：两臂在体后握小杠铃，将杠铃提到髋部使手臂弯曲，然后向上方用力伸直两臂（图 10-30）。

重点：这是个难度较大的动作，做时要注意夹肘、肱三头肌积极用力，这个练习对肱三头肌刺激很大，有时候伸肘会出现肱三头肌抽筋现象。

呼吸：力求自然，尽量少憋气。

图 10-29　窄握上推

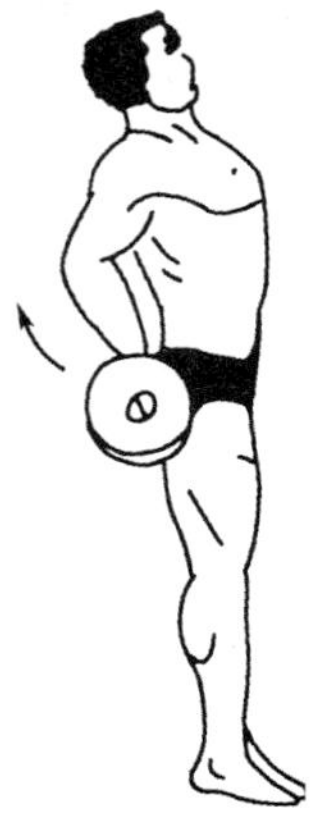

图 10-30　背后臂屈伸

4. 胸部练习

（1）胸部健美是健美的一个重要标志，胸部各部分肌肉均要发达。

练习一　上斜卧推

做法：在支撑物上，握住杠铃、壶铃等重物，然后用力将重物自胸部向上推起，直至两臂在额前上方伸直（图 10-31）。

图 10-31　上斜卧推

重点：两肘不要分得过早，肩不要过于紧张，特别注意上胸的用力。

呼吸：放铃至胸配合上推时吸气，两臂伸直后呼气。举大重量时，可做短时憋气，完成上推后立即调整呼吸。

练习二　上斜飞鸟

做法：斜靠板或靠在人的背上做动作。两手握哑铃并置铃于胸前，两臂伸直与身体垂直，两膝分开，脚踏地面，随即使两臂缓缓向侧下分开（肘微屈），至肘部低于体侧，这时胸部要高高挺起，腰部离凳，仅肩背部和凳部贴紧，然后胸大肌用力收缩，将微屈而分开的两臂内收，至胸上伸直。稍息，再将哑铃循原路举至仰卧持铃的预备姿势（图 10-32）。

重点：向下侧分两臂时，肘部要微屈并低于体侧，

图 10-32　上斜飞鸟

这样能有效地刺激胸大肌。

呼吸：两臂侧分及向上内收时吸气，臂接近伸直时呼气。

（2）塑造中间沟：胸部中间沟的深浅是由其两侧胸大肌发展状况决定的。胸大肌宽厚、坚实，中间沟就深。

练习　侧向十字前平拉

做法：两手分别握住固定在体侧的拉力器手柄，然后两臂伸直向前内收，直到两臂在胸前靠拢，再慢慢放松还原成预备姿势（图 10-33）。

图 10-33　侧向十字前平拉

重点：胸大肌完全伸展，尽量使用胸大肌进行发力，在恢复原有动作时慢慢减少力量，并尽量做退让练习。

呼吸：用力前吸气，而后短时憋气，用力结束前再呼气。

（3）发展胸下侧肌肉

练习一　高抬后腿俯卧撑

俯卧撑简单易行，它既能发展胸大肌，又能发展肱三头肌和三角肌。

做法：练习者俯撑后，同伴将其两腿提起置于腰际，练习者身体挺直，然后屈肘使胸部触地，用伸臂之力，伸直两臂反复俯撑直至疲劳，再放下两腿（图 10-34）。

练习二　双杠支撑摆臂屈伸

做法：两臂撑到双杠上后，用力伸直，以肩为轴，随着身体向前摆动，肩略向后移；而后摆动至最高处

图 10-34　高抬后腿俯卧撑

屈肘，腰部和腹部要放松，在向前摆动时要用力伸直两臂，如此往复摆臂屈伸（图 10-35）。

呼吸：要自然呼吸，屈肘前吸气，向前摆呼气。

5. 背部练习　宽阔、厚实的背部给人以背宽、体阔的感觉，是健美的重要标志之一，是男子健美的象征。背部主要肌肉有背阔肌、斜方肌、大圆肌、竖脊肌等。

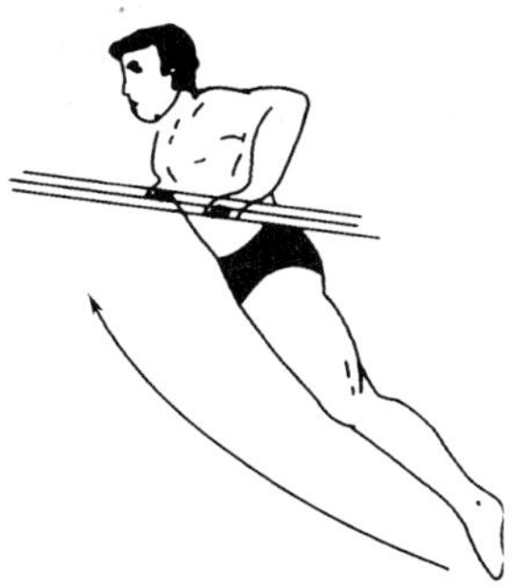

图 10-35　双杠支撑摆臂屈伸

（1）背部练习方法：坐在地上，两臂向前伸展，紧紧拉住动力装置（或划船装置）的手柄，膝盖微微弯曲，脸朝下放在两臂之间，然后用两臂向后拉牵引绳，同时上身向后倾斜，胸部抬起。当推进器的手碰到胸部和腹部时，计为一次并重复（图 10-36）。

呼吸：向后拉引时吸气，放松还原时呼气。

（2）发展斜方肌的方法

练习一　提铃耸肩

做法：将杠铃从地面提起，身体伸直，两臂持铃下垂，做时用力同上耸肩（不屈肘）至最高位，然后重复再做（图 10-37）。

练习二　直臂扩胸（拉力器）

做法：两臂由前平举向两侧做平举扩胸，然后复原再做（图 10-38）。

重点：向两侧扩胸时，肘可微屈，尽可能向后用力，胸要高高挺起。

呼吸：向后扩胸时吸气，向前复原时呼气。

练习三　直臂弹簧拉力器练习

做法：两手握弹簧拉力器的两端，两臂前平举，向两侧用力拉弹簧拉力器，直至两臂和体侧平行，然后复原再重复（图 10-39）。

重点：向两侧后拉弹簧拉力器是斜方肌用力，而徐徐复原才是胸大肌用力，这往往被人们所忽视。所以，在做此动作时要特别注意斜方肌的积极用力。

呼吸：向侧后扩胸时吸气。慢慢复原时呼气。

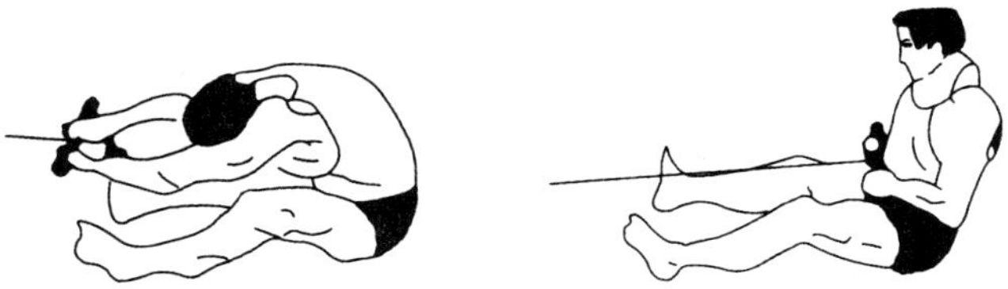

图 10-36　从前向后拉（划船练习）

图 10-37　提铃耸肩

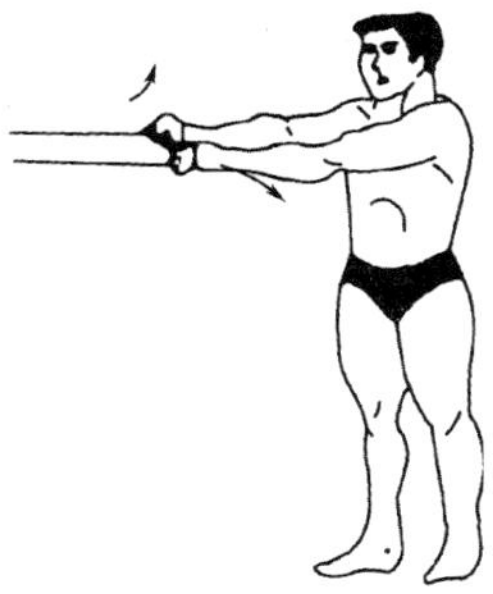

图 10-38　直臂扩胸

图 10-39　直臂拉弹簧拉力器练习

6. 腰腹部练习　包括上腹部、下腹部、腹部两侧练习。

（1）仰卧起坐（上腹）

做法：仰卧在凳上或垫上，低头团身使背部悬空，两手抱头或负较轻重物，下肢固定，两膝稍屈，然后慢慢后倒，当背部快接触凳面时，立即收腹起坐，再慢慢仰体起坐（图 10-40）。

重点：我们都认为仰卧起坐很简单。事实上，仰

图 10-40 仰卧起坐

卧起坐有非常多的技巧和学问。它能刺激腹直肌。肌电图显示该运动放电量大，运动效果好。负重进行仰卧起坐效果较好。

呼吸：起坐前吸气，还原时呼气，次数做得多了，就会出现气喘，这时呼吸就要短促，一呼一吸。

(2) 双人对抗起坐(上腹)

做法：练习者仰卧在垫上，两手抱头，同伴骑坐在练习者的膝上，两手伸直压在练习者的胸部，练习者用力抬起上体和同伴形成对抗的相持局面(图 10-41)。

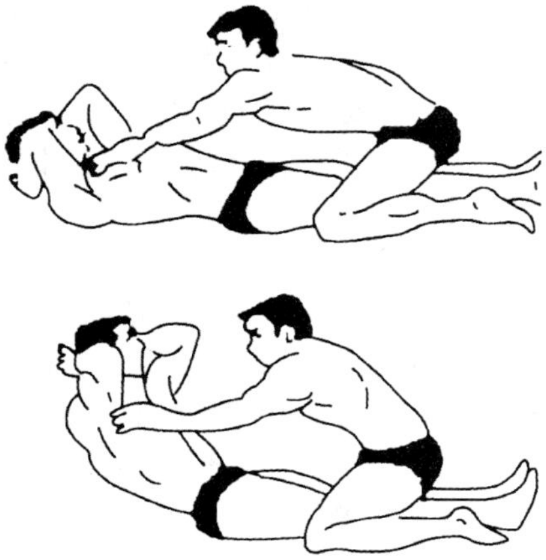

图 10-41 双人对抗起坐

重点：在练习者施力之前，同伴先加压，然后逐渐降低压力，使练习者坐起来。在坐直之前，最好互相辛苦地僵持一会儿，这样效果会更好一些。

(3) 屈膝举腿(下腹)

做法：仰卧在垫上，两踝交叉，两掌心朝下放在臀侧，然后朝胸的方向举腿，直至两膝收到胸上方后重新开始(图 10-42)。

重点：一定要仰头，使上身固定，收腹的速度及放回的速度均要控制，增加训练的效果。

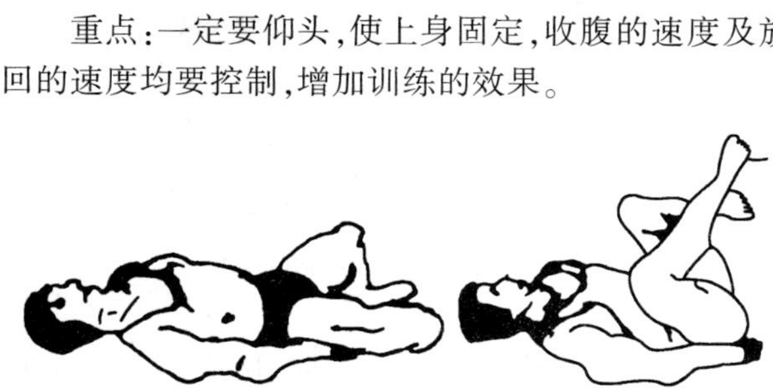

图 10-42 屈膝举腿

呼吸：力求自然，举腿前吸气，还原时呼气。

(4) 仰卧双腿绕环(内、外侧斜肌)

做法：仰卧，两臂在头后伸直(或抓住头后侧的垫缘)，两腿伸直并拢，沿逆时针方向，经头绕一大圈至开始位置，使整个腹部受到锻炼(图 10-43)。

图 10-43 仰卧双腿绕环

重点：两手抓住垫边缘，重心移至肩背时再绕腿，因为动作幅度大，呼吸最好采用自然呼吸的方法。

(5) 体侧屈、体旋转

做法：身体直立，两腿开立约与肩宽，肩负杠铃做左右侧屈(图 10-44)。

图 10-44 体侧屈、体旋转

重点：负铃时要挺胸直腰，两手紧握固定好铃片的横杠，侧起时要用异侧腰肌之力，注意侧倒要慢，起立要快。

呼吸：侧倒时吸气，身体正直后呼气。

做法：身体直立，两腿开立约与肩宽，肩负杠铃左右转动。

重点：旋转时会产生一种离心力，这时要用对侧的腹内、外斜肌加以控制，然后再向另一侧旋转。

呼吸：自然呼吸，不要憋气。

7. 大腿练习

(1) 箭步蹲

方法：将杠铃放在两肩上或胸负重走出深蹲架，两腿一前一后分开形成弓箭步，然后屈腿向下压至能承受的深度，然后伸直两腿，最后收起两腿(图 10-45)。

呼吸：成箭步支撑时吸气，起立后呼气。

(2) 负重蹬凳

做法：肩负重物(杠铃、铃片、沙袋)，一腿放在高 50~60cm 的方凳上，另一腿支撑在地上，然后做腿屈伸动作使腿伸直，接着做屈伸动作，直至单腿站在方凳上，反复练习(图 10-46)。

图 10-45　箭步蹲　　图 10-46　负重蹬凳

重点:上身要直,支撑在方凳上的腿要充分伸直,最后做提踵动作,做时另一腿尽量少用力蹬伸。

呼吸:在踏上凳子前先做一次呼吸,然后同时伸展和吸气,从凳子上下来时再呼气。负重蹬凳不仅是发展股四头肌的良好运动,也是发展弹跳能力的极好运动。

(3) 双人屈小腿对抗

做法:练习者俯卧在长凳上弯曲两腿,另一人站在其身后,两手握其踝,用力将其弯曲的两腿拉直,练习者坚持不被拉直,在对抗中锻炼股二头肌,使之发达(图 10-47)。

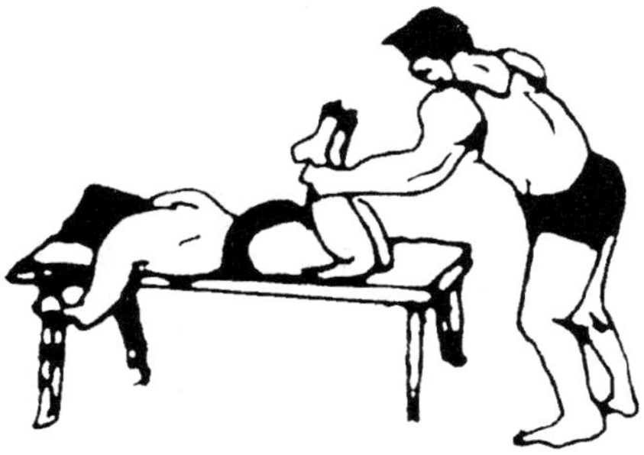

图 10-47　双人屈小腿对抗

重点:练习者上身固定,股二头肌用力,而另一人则要注意配合,用力要适当,力求在 6~8s 内,将对方双腿伸直。

呼吸:用力前尽量自然呼吸,形成对抗后则要憋气,直到腿被拉直再调整呼吸。

8. 小腿练习　小腿肌肉较小,往往容易被忽视,实际上小腿的肌肉多,纤维数量多而纤长,线条分明,坚实有力的小腿是很美的。

(1) 负重提踵

做法:肩负杠铃,足趾下可垫木板或铃片,然后做直膝提踵动作,连续做(图 10-48)。要在做前避免重心前移,因为这样练习很容易,但效果极差。脚下应设垫木使足趾屈,这样可防止重心前移。

呼吸:尽量自然呼吸,即用力提踵前吸气,动作完成后呼气。

(2) 壶铃蹲跳

做法:练习者全蹲后,双后握住重物(大壶铃等),然后伸膝,抬上体,屈足,使身体垂直向上跳起(图 10-49)。

图 10-48　负重提踵　　图 10-49　壶铃蹲跳

重点:预备姿势要做到二直,即臂直和腰直;跳起时要做到三伸:膝部、髋部、踝部充分伸展。

呼吸:用力蹬伸时吸气,下蹲时呼气。

上述方法根据需要练习,重复次数和坚持时间长短可多可少。

链 接

俯卧撑,这个动作很经典,但真正能够做好这个动作的人并不多。其实,通过变换手的位置,这个动作可以将胸大肌练习到极限,同时对肩与臂都有很好的锻炼作用。

设备:床、椅子、小凳子。

动作要领:脚尖触地,手掌撑地,身体保持正直,手肘弯曲的时候向身体两侧撑开,身体匀速下降至鼻尖触地,保持 1s,然后再度撑起,在双臂完全伸直以前再次下降,8~12 次为一组(视个人情况可增减),三组以上为一次训练,每周两次。双手连线相对于胸大肌的位置,直接决定训练重点在胸大肌的哪个部位,建议刚开始的时候,以中束为主,以后再变换手位。同时,为加强胸大肌的动作强度,也可以双手支撑于凳上,脚尖可以支于床边或相应高度的物体上,这在家里很好找。做动作时,由于没有了地面的限制,身体可以降至低于双手水平面,使胸大肌得到充分的伸展。下降过程注意呼气。

提示:不要小看这个动作,通过适当的手位调整,它可以训练到胸肌、三角肌(肩部主要肌肉)、肱三头肌(臂部主要肌肉)。女性做这个动作时,可以使身体与地面之间有一定的角度,比如说,可以撑在床边,这样就可以减轻要支撑的重量,同时使手臂与手臂以下身体呈大于 90°状态,这就相当于上斜推举,这对女性锻炼胸部,尤为有利。

第二节 现代交际舞

在以前，当交际舞没有发展起来的时候，所有的社交舞蹈都被称为交际舞（或舞蹈）。20世纪60年代，随着交际舞技术和舞蹈类型的发展，它逐渐从自娱自乐发展成独立竞技的现代交谊舞运动。

一、现代交际舞内容与分类

现代交际舞项目繁多，内容丰富。就其活动形式而言，有三种舞蹈：单人舞、双人舞和团体舞。根据其内容，还可以分为三类：国际标准舞、大众交际舞和趣味交际舞（表10-1）。

表10-1 现代交际舞分类

国际标准舞	大众交际舞	趣味交际舞
现代舞：华尔兹舞、探戈舞、快步舞、狐步舞、维也纳华尔兹舞 拉丁舞：伦巴舞、桑巴舞、牛仔舞、斗牛舞、恰恰恰舞	集体舞、节奏舞蹈、现代舞组合、布鲁斯舞、拉丁舞组合、一步舞、维也纳华尔兹舞	拉丁舞、曼波舞、吉特巴舞、伦巴舞、迪斯科舞

（一）国际标准舞

国际标准舞是国际和国内体育竞赛项目之一。它有特定的竞赛规程和评分规则。这类交际舞动作难度大，具有全面、复杂、准确和艺术性的特点，是现代交际舞的重要内容。它对参与者的体能、技术、意志、音乐修养和艺术性提出了很高的要求。其比赛项目分成三大类：

（1）现代舞：共有五个舞种，即华尔兹、探戈、快步、狐步和维也纳华尔兹舞。国际比赛要求每个选手要参加全部五个舞种项目。国内一些比赛，根据实际水平，舞种项目可减少，选手也可参加五项中某个项目的比赛，也可进行规定动作比赛。总之，要因地制宜，根据开展情况组织竞赛和表演。

（2）拉丁舞：也有五个舞种，即伦巴、桑巴、斗牛、牛仔和恰恰恰舞。在国际比赛中，一些优秀选手一般都参加现代舞和拉丁舞十个舞种的比赛。

（3）集体舞：由八对男女选手组成，以纯熟的技巧、和谐的配合、整齐划一的队形变化，使旋律优美、抒情开阔的乐曲和优美的舞姿达到完美的统一，构成形声并茂、完美和谐的整体表演。一般来讲，表演内容都是国际标准舞现代舞种组合或是拉丁舞舞种组合。

（二）大众交际舞

除了国际标准舞外，各国流行的交际舞种类很多，而且参与人数也很多。一般来说，这些流行的交际舞舞步都比较简单，自娱自乐。适合在拥挤的舞厅跳舞，也适合与不熟悉的舞伴跳舞，如维也纳华尔兹舞（也称“快三步”）等。

（三）游戏与趣味交际舞

游戏与趣味交际舞指在舞蹈结束前插入公共和私人舞会中的舞蹈游戏或趣味舞蹈，能很好地激活舞会的氛围。一般来说，这些舞蹈形式都很简单，一目了然，但这是一种要求舞会中的所有成员都必须参加的一种集体舞形式。

链 接

街 舞

街舞是最广泛流行的一种体育舞蹈。它起源于美国街头舞者的即兴舞蹈动作，它独有的风格在于它注重身体的协调性，重视身体上半身的律动（协调性），并且增加了许多手部的动作，让参与者既达到锻炼身体的目的，又能受到劲舞的感染。街舞在我国大学生中喜爱者居多，是青年学生十分喜爱的一种舞蹈。

二、现代交际舞的特点

（一）内容丰富、舞种繁多

现代交际舞既有高难度的国际标准舞，又有简单流行的自娱性舞蹈，便于广泛普及和开展，是最好的室内娱乐活动和集体锻炼形式之一。对许多人而言，其既是一种业余爱好、一种娱乐、一种社交活动，更是一种愉快的、有益于身心健康的锻炼方式。不同的年龄、性别、身体条件和训练水平的人，都能达到自娱自乐、陶冶情操、抒发感情、消除疲劳及促进身心健康的目的。

（二）能全面有重点地锻炼身体

合理地选择舞种与内容，坚持经常锻炼，就能全面地增强各运动器官、内脏器官和神经系统的功能，促进人体的全面发展。此外，还能增进人体健康美、塑造形体美和陶冶心灵美。

（三）能培养人的艺术修养

现代交际舞是融舞蹈、音乐和体育于一体的时空艺术。现代交际舞每个舞种都有其风格特点。以国际标准舞为例，现代舞从总体上讲，舞姿优美，轻柔飘逸，舞步流畅，气质高雅，节奏起伏，动作规范性强，一派绅士风度；拉丁舞从总体上讲，音乐节奏热烈欢快，动作激情奔放，舞蹈动作技巧性强，节奏感强，能培养人的节奏感、韵律感和审美感以及对音乐的理解能力和感受能力。

思考题

1. 简述形体健美体操的定义，阐述其训练方法。
2. 现代交际舞有哪些内容，如何分类？

第十一章 体育游戏

第一节 概 述

游戏是人类的一种在一定约束下进行的娱乐活动。体育游戏是在体育运动的基础上，综合人体的走、跑、跳、投基本活动方式与劳动技能及各项体育基本运动形式，创编出多种动作，并根据全民健身和学校体育的需要，有针对性地拟定有教育意义的故事情节和竞技性较强的比赛规则而创编的游戏。

游戏中不同的故事情节反映了当代社会中的各种现象，游戏竞争性强，可以激发人体的智能、体能，间接有效地提高游戏者学习、生活、劳动的技能，提高游戏参与者的身体素质。体育游戏，还能增强人们的竞争意识和顽强、拼搏的意志品质，这对建立正确的人生观和对青少年进行吃苦耐劳教育有很大意义。因此，体育游戏对各年龄段游戏者，都有积极的教育作用。

体育游戏能够提高走、跑、跳跃、投掷等日常生活中所必需的活动技能，学校游戏可与田径、体操、球类、武术等项目密切结合，达到增进健康、增强体质的目的，促进学生身体素质的全面发展，掌握生活中基本的活动技能，有利于德、智、体全面发展。

体育游戏的进行不受场地、器材等因素的限制，它能够发展参与者的判断力并增强记忆力。体育游戏有健身性游戏和竞技性游戏之分。健身性游戏不仅对发展身体有很大的意义，并且对智能的发展也有良好的影响，它可以使游戏者认识周围环境，发展思维，培养主动性、创造性，在克服困难的过程中培养集体主义精神。竞技性游戏比较复杂，游戏的人数和规则都有严格的规定，游戏者要根据规则进行斗智、斗勇。竞技性游戏是健身性游戏发展的高级形式。

有趣的体育游戏吸引着参与者，在游戏进行过程中，应当严格、准确地贯彻游戏规则，服从集体利益，以养成服从组织、遵守纪律的优良品质。在游戏中，参与者能够充分表现出活泼、愉快的情绪。分组体育游戏最能培养人勇敢、顽强、善于克服困难和不屈不挠的精神，这些精神都是 21 世纪现代人不可缺少的品质。

第二节 体育游戏的分类

体育游戏是一种综合性的体育手段，它在内容、形式、作用以及参加对象上都具有综合性。体育游戏的综合性决定了它的分类方法的多样性。常见的分类方法有以下几种。

按运动项目进行分类：篮球游戏、排球游戏、足球游戏、田径游戏、体操游戏、武术游戏等。

按游戏进行的形式分类：接力游戏、追逐游戏、角斗游戏、攻防争夺游戏、传递抛接游戏等。

按身体素质进行分类：速度游戏、力量游戏、灵敏游戏、耐力游戏等。

按基本活动技能进行分类：奔跑游戏、跳跃游戏、投掷游戏、攀爬游戏等。

按游戏参加者的年龄分类：幼儿游戏、儿童少年游戏、青年游戏、中老年游戏等。

按照活动场所分类：室内体育游戏、室外体育游戏、野外体育游戏。

以下介绍一些适用于大学生参与的体育游戏。

一、"网鱼"游戏

游戏目的：发展学生的灵敏素质，培养协同配合能力。

场地器材：篮球场 1 个。

游戏方法：如图 11-1 所示，学生分散在篮球场内，先指定四名学生担任"渔网"，其他人在场内可以任意跑动。游戏开始，担任"渔网"的四名学生手拉手在场内跑动，并设法用手触及其他人，被触到者加入"渔网"队伍，如此"渔网"逐渐扩大，直至将场上的人全部网完，游戏结束。

图 11-1　“网鱼”游戏

游戏规则：

（1）“渔网”不得松手，如松手触到人则不算。

（2）不得离开球场跑动，被迫出界视为触到。

教学建议：“渔网”的人数可以根据班级人数确定，在规定的时间内当“渔网”次数多者为输。

二、追持球人

游戏目的：提高学生脚步移动的灵活性。

场地器材：篮球场 1 个，篮球 2 个。

游戏方法：球场的界线以内区域为抢球区。把学生分为人数相等的两队，分散在全场范围内。游戏开始，双方在中圈跳球，得球的队员可以抱着球跑躲避对方的追拍，此时场内的守方队员则一起去追持球人，持球人若被守方队员用手触及身体任何部位时，即为被捉到，此时游戏暂停，被捉到的人把球交给用手触摸到他的人，同时退出球场；新的持球人又再次同样进行。若持球人在跑动时判断到自己有可能被捉到时，他可以及时把球传给本方同伴，此时其他人再去追新的持球人，方法同前，在规定时间内，双方在场上学生数多的队为胜队。

游戏规则：

（1）持球人不得跑出球场范围以外的地区，否则罚其出场。

（2）防守不得犯规，全队累计 2 次犯规，罚出场 1 人。

教学建议：教师或见习生担任裁判员。

三、迎面运球接力

游戏目的：使学生掌握行进间运球技术，提高运球速度。

场地器材：篮球场 1 个，篮球 2 个。

游戏方法：如图 11-2 所示，把学生分为两队，每队又分为 A、B 两小组，两队的两组学生成纵队相对站立。两队的 A 组排头先持一球。游戏开始，持球队员首先用行进间运球方法把球运到对面，手把球交给本队 B 组第一人，然后自己排到该组末尾，B 组第一人接球后又迅速直线运球至对侧端线把球手递手交本队 A 组第二人，如此循环直到全队每人轮完一次，先轮完的队为胜。

游戏规则：

（1）A、B 组交接时只能用手递手交球的方法，否则为犯规。

（2）运球失误时必须把球捡回失误处开始运球，否则为犯规。

（3）凡犯规者必须再进行一次运球接力，否则该队名次列后。

图 11-2　迎面运球接力

教学建议：见习生担任裁判。

四、运球追逐

游戏目的：提高运球技术。

场地器材：篮球场1个，篮球6个。

游戏方法：如图11-3所示，学生两人一组，每人一球，两人一前一后站立，前后距离2m，由持球开始，两人运球相互追逐，追到得一分。然后恢复到原来位置上，换另一只手运球追逐，这样重复练习。在规定的时间内，得分多者为胜。

游戏规则：

（1）运球者只能按规定路线运球追逐。

图11-3　运球追逐

（2）必须用规定手运球，否则拍到前方者无效。

（3）运球失误时必须把球捡起来回到失误处继续，否则拍到前方者无效。

教学建议：

（1）参加游戏的人数少，可只分两队进行对抗。

（2）参加游戏的人数多，可在球场的其他地方画几个同样大小的圆圈同时进行。

五、传球追逐

游戏目的：提高学生快速传、接球能力。

场地器材：篮球场1个，篮球2个。

游戏方法：如图11-4所示，把学生分为人数相等的两队，相互交错站成一个圆圈，每队各出一人手持一球背对背站立在圆圈中，游戏开始，圆圈中的队员按同一方向传球给本队每一个人，该队的每个队员接球后又把球回传给圈中人，连续进行，两队所传的球互相追逐，超越对方的队为胜。

游戏规则：

（1）圈中人只能在中圈内移动并逐一把球传给本队同伴。

图11-4　传球追逐

（2）任何人不得故意干扰对方传球，否则算失败。

（3）传球失误或违例均算该队失败。

教学建议：教师可规定传球方式。

六、投篮比赛

游戏目的：提高学生的投篮能力。

场地器材：篮球场1个，篮球2个。

游戏方法：如图11-5所示，把学生分为人数相等的两队，成纵队站在罚球线两侧，在罚球线前进行投篮比赛，先投进30个球的队为胜。

图11-5　投篮比赛

游戏规则：

（1）投篮过程中必须站在罚球线外进行投篮，否则无效。

（2）投篮时必须按照顺序进行投篮，一个队不能连续投。

教学建议：教师可以规定投篮动作。

七、"橄榄球"比赛

游戏目的：提高学生的传球和投篮能力。

场地器材：篮球场1个，篮球2个。

游戏方法：将学生分为人数相等的几组，两两进行比赛，双方由中圈跳球开始，抢到球的一方只能通过传球将球传给同伴并投篮，5分钟内投中个数多的队为胜队，胜队继续和其他组比赛，直到选出最终的胜队。

游戏规则：抢到球后只能传球或者上篮，不能运球，否则对方获得球权一次。

教学建议：如果人多可以换在足球场进行。

八、打"龙尾"

游戏目的：提高学生快速传接球的准确性，培养灵敏素质。

场地器材：篮球场1个，篮球1个。

游戏方法：把学生分为人数相等的甲、乙两队，甲队首先围成一个圆圈，乙队在圆圈内排成纵队，后面的人抱着前面的人的腰组成"龙"，排头的队员为"龙头"，排尾的队员为"龙尾"。游戏开始，圈外的人相互传球，捕捉时机用篮球掷"龙尾"，"龙头"则带领全队迅速奔跑、躲闪或用手挡、打来球，以保护"龙尾"不被球击中；若"龙尾"被击中则到排头担任"龙头"，圈外的人再继续快速传球以打断"龙尾"；到规定时间后，计算被击中的"龙尾"人数；然后与圈外的甲队互换角色，再进行同样的时间后，游戏结束，计算双方被击中的"龙尾"数，数量少者为胜。

游戏规则：

（1）圈外人不得缩小圆圈的直径以进入圈内打"龙尾"，否则打中无效。

（2）只准打"龙尾"脚外侧，否则打中无效。

（3）圈内的"龙"必须保持纵队队形，不能断开，"龙尾"也不能缩在队伍内，否则算被对方打中。

教学建议：

（1）如参加的人数多，可把学生分为3个或更多的队轮流进行。

（2）在规定时间内被击中的人数少的队为胜。

（3）为了安全可以将篮球改成软式排球。

九、"春种秋收"

游戏目的：发展学生的快速运球中的控球能力。

场地器材：篮球场1个，篮球2个，灌水的矿泉水瓶6个。

游戏方法：将每3个矿泉水瓶沿一直线分别间隔一定的距离放于场内，将学生分为人数相等的两队，成纵队面向场地站于端线后，排头持球。游戏开始，排头快速起动向对面端线运球，途中依次把3个瓶子推倒，运至对面端线后返回，再依次把3个瓶子扶起，至端线后将球交给下一位同学，以此类推，每人一次，先做完的队为胜。

游戏规则：

（1）推瓶或者扶瓶时，另一只手必须同时做低运球，不能持球。

（2）返回至端线后以双手低手传球的方式将球传给下一位同学。

教学建议：可以运球至障碍物做急停急起。

十、运球突破接力比赛

游戏目的：针对性地提高学生的运球技术。

场地器材：篮球场1个，篮球2个，标志物4个。

游戏方法：在场地的两个半场的左右两侧各放一

个标志物，把学生分为人数相等的两队，面向标志物在同一端线后成一路纵队站立，排头各手持一个篮球。游戏开始，从排头起每个队员按路线依次把球运至立柱前以规定动作做运球突破，返回时按原路线和动作进行，并以手递手方式将球交给下一个队员，直至全队每人轮一次，最先轮完的队为胜。

游戏规则：

（1）必须按规定要求在标志物前运球突破，否则判为犯规。

（2）必须以手递手的方式把球交给下一个队员，否则判为犯规。

（3）运球至前场后必须有一脚踩端线才能返回，否则判为犯规。

教学建议：可规定多个不同的运球动作组合起来进行游戏。

十一、叫号赛跑

游戏目的：提高学生的反应能力和移动素质。

场地器材：空旷场地 1 块，排球 3 个。

游戏方法：如图 11-6 所示，把学生分为两组，人数相等，相对而坐，从左到右依次报数。要求每位同学记住自己报的数字，在两列横队的左边放一个排球代表奇数，在两排横队的右边放两个排球代表偶数，用简单的数字加减，如 6−4 或 2+7，计算结果为每队同学的报数序号。如果结果为偶数时两队同学开始跑动触摸两个球，奇数则摸一个球，先摸到的同学为胜即得一分，后摸到的为零分，最后以得分多少来决定胜负。

图 11-6　叫号赛跑

游戏规则：

（1）当出题的人说完题后，再说“开始”时两队队员方可站起来跑回目的地。

（2）在跑的过程中，不能相互影响，不准抓对方的衣服。

教学建议：

（1）可以调整游戏规则，当结果为奇数时，摸两个球，偶数时摸一个球。

（2）在规定比赛时间内，得分多者为胜。

教学建议：见习生担任裁判。

十二、排球接龙比赛

游戏目的：培养学生的团队意识和协作精神。

场地器材：空旷场地 1 块，排球 2 个。

游戏方法：如图 11-7 所示，将学生分成人数相等的几队，成纵队站立，排头持球，排头将排球从头上传给第二个队员，第二个队员从胯下传球给下一位队员，以此类推，所用时间最少队为胜。

图 11-7　排球接龙比赛

游戏规则：

（1）从胯下传递球时必须是手递手的传接球而不能将球滚动给下一名队员。

（2）由队尾至排头时，必须让球垂直头顶传过，而不能从侧面传。

教学建议：

（1）为了增加游戏难度也可将队员与队员的间隔距离增大。

（2）由前至后练习时，也可改为排头将排球滚动至队尾，再由头顶上传到排头。

十三、明九暗九

游戏目的：提高学生快速反应能力，活跃课堂气氛。

场地器材：空旷场地 1 块，排球若干。

游戏方法：如图 11-8 所示，教师先排出练习的顺序，然后发出“报数”口令，由排头开始报数，当报到“明九”（9、19、29…）时，不报数，报“过”或者以下蹲来代替。游戏继续进行。当报到“暗九”（18、27、36…）时，也不报数而以击掌代替，以此类推，看谁的注意力集中，报数最准。

图 11-8　明九暗九

游戏规则：

（1）报“明九”时，报“过”来代替或以下蹲来代替，报“暗九”时，以击掌代替，不可混用。

（2）报数声要洪亮、清楚准确，不能含糊不清或报错。

教学建议：

（1）报数或做动作要及时、果断、准确。

（2）出现错误者需到圈内做排球操一节，然后由其开始报数。

十四、看谁垫得准

游戏目的：提高学生垫球的准确性和手臂控球能力。

场地器材：大筐若干，排球若干。

游戏方法：如图 11-9 所示，将学生分成人数相等的若干队，每队距筐 5m 左右，成纵队站立，听到口令后，排头做自垫球移动前进，至距筐约 3 m 处时将球垫向筐内，然后徒手跑回击下一人的手掌，第二人做同样的动作，全队依次进行。速度快、入球多的队名次列前。

图 11-9　看谁垫得准

游戏规则：

（1）必须用垫击方式垫球入筐。

（2）中途球落地应在落地点捡起再继续做。

（3）大筐可根据实际需要，改为藤条圈或用呼啦圈代替。

教学建议：

（1）也可以在自垫球移到距筐 5m 处将球垫向筐内或在垫向筐之前自垫 2~3 次。

（2）时间允许时可以进行若干次比赛。

十五、“救球”游戏

游戏目的：使学生更好地掌握传垫球技术，加强队员之间的协作能力。

场地器材：排球场 1 个，排球 1 个。

游戏方法：学生手拉手站成一个圆圈，放下手，随意挑出一名队员开始报数并记住各自的数字。指挥员站在圆圈的中心，发出口令后将排球抛起同时叫一个数字，被叫数字的同学利用传垫球技术将球传垫至空中再叫一名同学数字后自己回归原位，游戏依次进行直至球成死球。

游戏规则：

（1）每次被叫同学传垫球时，必须达到一定的高度，不能太低。

（2）没有完成练习者要进行处罚。

教学建议：

（1）应该将基本功好的同学分开站在圆圈的对应位置。

（2）可以根据人数的多少，扩大或缩小圆圈的范围。

教学建议：可以改成传球方式进行。

十六、心灵手巧

游戏目的：培养学生发球的针对性和目的性，提高与改进发球技术水平。

场地器材：排球场 1 个，排球若干。

游戏方法：将学生分成两队，每 3 人一组，将一个排球场划分出 1 分、2 分、3 分的得分区，即二传能顺利传起组织进攻的 3 分区，通过队员能调整组织进攻的 2 分区，不能攻但能处理的 1 分区。队员接一传到不同区域得不同的分数，发球队员能直接得分者，发球队员得 3 分，能破坏对方进攻得 2 分，发球过网但对方能处理过网的发球得 1 分，不过网或出界的不得分，然后与接发球队对调，每人发一个球每队得分相加多者为胜。

游戏规则：

（1）发球队员应在对方准备就绪情况下发球。

（2）接发球队员只需一次传球，而界外球被队员救起入网后，裁判需根据实际情况判定得分。

教学建议：

（1）对个人防守失误原因做针对性的练习。

（2）培养有针对性的发球与接发球动作的规

范性。

十七、拯救游戏

游戏目的：培养学生团结合作的意识，加强练习者之间的配合。

场地器材：软式排球 1 个。

游戏方法：如图 11-10 所示，将学生分为人数相等的两组，一组同学围成一个以 4m 为半径的圆，另一组同学站于圆圈中，围成圈的同学们可以通过传球、垫球等形式用排球撞击圈内同学，若圈内同学被击中则出圈站在圈外，若圈内同学接住击来的球则可以把已出圈的同学救回圈内。

图 11-10　拯救游戏

游戏规则：

（1）圈内同学不能走到圈外。

（2）当出题的人说完题后，再说“开始”时两队队员方可站起来跑回目的地。

（3）在跑的过程中，不能相互影响，不准抓对方的衣服。

教学建议：

（1）传球、垫球时需保证动作的规范性。

（2）用排球撞击时，不能撞击同学头部。

（3）不能跑动或移动击球。

（4）可适当增大圆圈的半径，以增加游戏的难度。

（5）规定比赛时间，两队轮流做，在规定时间内圈内人数多的队为胜。

十八、隔网传球

游戏目的：提高学生的传球技术和培养其协作精神。

场地器材：排球场 1 个，排球若干。

游戏方法：先让两名队员分别站在 B 区 2、3 号位，另一名队员在 A 区 4 号位并持球开始从网上传给 B 区 3 号位队员，然后迅速跑到 B 区 3 号位（从网下）、3 号位队员迅速将球传给 2 号位队员，并移动至 2 号位，A 区派队员补到 4 号位准备接球，B 区 2 号位队员接到球后，将球从网上传给 A 区 4 号位队员并从网下钻过至队尾，4 号位队员再传给 B 区 3 号位队员，依次循环直到完成为止，在传球过程中不能持球。

游戏规则：

（1）球必须从网上过，从网下过属犯规。

（2）人必须从网下过，从场地边上绕过为犯规。

（3）如有球掉下，掉球队员应做 2 个俯卧撑予以警示。

（4）最后按时间判胜负，胜队队员带负队的队员做抱膝跳 5 次。

教学建议：

（1）可在场地中标出 A、B 区及各号位位置。

（2）可以将两人之间的传球改为三人之间的传球。

十九、计分扣球

游戏目的：练习 4 号位、2 号位扣球能力和防守能力。

场地器材：排球场 1 个，排球 1 个。

游戏方法：将场地划分为 3 个不同的得分区，1 号和 6 号位为 3 分区，3 号和 2 号位为 1 分区，4 号和 5 号位为 2 分区，然后将学生分成相等几队，两两进行比赛，每队挑选 3 名队员担任扣球队员，一人二传，其余两人分别在 2、4 号位进行扣球，防守队员应在规定的区域内防守，每人扣完一次为一轮，两组交换，以得分多少来确定胜负。

游戏规则：

（1）扣中几分区得几分，对方防守成功，在几分区得几分。

（2）扣球失误，对方得一分。

（3）两组分别扣完一轮，以获得分数分胜负。

（4）若分数相等，记扣成功个数，三局两胜。

教学建议：

（1）可以分别进行 2 号、4 号位扣球。

（2）也可采用正常的 6 人防守。

二十、二龙戏珠

游戏目的：让学生熟悉拦网动作，提高拦网能力。

场地器材：排球场 1 个。

游戏方法：将学生分成若干个 4 人组。4、3、2 号位各一个小组，分站立于限制线后隔网两两相对。听开始口令后，同组网两边的第一人移至网前做原地拦网动作，二人同时起跳后在空中用拦网手互相击掌，待下落后撤回限制线击拍第二人的手，第二人做同样的拦网动作。在规定时间内完成拦网数多的队名次列前。

游戏规则：

（1）拦网要按技术要领进行。

（2）不允许触网。

（3）下撤时步伐要正确。

教学建议：

（1）在移动过程中再增加一个拦网动作。

（2）初学者为了提高练习兴趣可在网上方吊一排球，加强拦网的对抗性练习。

二十一、斗　鸡

游戏目的：提高学生的腿部力量，提高单脚支撑的能力。

场地器材：足球场地 1 块。

游戏方法：如图 11-11 所示，将学生分成人数相等的两个队，分别站在两边线后。游戏开始，每队各派出一人，相向单腿站立，另一腿屈膝抬起，用双手抓住脚腕。教师发令后，两人一边用单脚跳动，一边用膝关节去冲撞对方，以将对方撞得单脚站立不稳而双脚落地。

游戏规则：

（1）不许用手推或拉人。

（2）可用假动作。

（3）屈起的腿落地，被撞出圈外、踩线以及手撑地均算失败。

教学建议：教师担任裁判，并提醒学生注意安全。

图 11-11　斗鸡

二十二、曲线运球绕人跑

游戏目的：发展学生的柔韧性和灵活性，提高他们快速跑的能力。

场地器材：足球场地 1 块，足球 10 个。

游戏方法：如图 11-12 所示，全体学生围成一个圆圈，面向内等距离站立在圆圈的弧线上。选出两人沿着圆圈做 S 形曲线运球。完成规定的圈数后，将球给另外没有做过的同学完成同样的动作，完成时间最少的同学为胜。

图 11-12　曲线运球绕人跑

游戏规则：

（1）运球开始时开表，返回原位时停表。

（2）如绕人跑中运球失误，应从失误处重新开始运球。

教学建议：

（1）根据学生掌握技术动作的情况，可以调整圈上学生的间距。

（2）见习生担任裁判。

二十三、踢“保龄球”比赛

游戏目的：提高学生踢球的准确性。

场地器材：足球场地 1 块，足球若干，标志桶若干。

游戏方法：如图 11-13 所示，以足球场中线为起点线，将球放在线上。在距线 15～20m 的地方按“保龄球”的要求摆放 10 个标志桶。把学生分为若干组进行比赛。在规定的踢球次数或组数下，得分多的球队获胜。

游戏规则：根据技术情况提出要求，踢地滚球或者半空球。违反要求者受罚。不能计算成功的次数。

图 11-13　踢“保龄球”比赛

教学建议：根据学生的水平，踢球的距离可以考虑逐渐变化，开始时可以 5m，然后逐渐增加到 10m、15m、20m。

二十四、迎 面 顶 球

游戏目的：提高迎面顶球技术的准确性，掌握头顶球的基本动作方法。

场地器材：足球场地 1 块，足球若干。

游戏方法：在场地上画两条相距 2~4m 的横线。学生分成人数相等的两队，各队排头手持一接力棒，两队分为甲、乙两组分别排成一路纵队，在横线外对面站立，各队排头手拿一个足球。游戏开始后，排头将球抛给对面乙组的排头，球一出手自己马上跑到本队的排尾去，乙组排头用头将球顶到甲组的第二人，球一顶出马上跑回本队的排尾，依次进行，最后先顶完球的一组为胜。

游戏规则：

（1）顶球时可以前后左右移动，但不得踏线。必须依次顶球。

（2）顶球失误后，要从失误者抛球开始。

教学建议：

（1）练习的队形距离可以随着学生掌握动作的熟练程度缩小或者增加。

（2）练习过程中注意强调动作的规范性。

二十五、脚颠球比赛

游戏目的：提高学生的颠球技术。

场地器材：足球场 1 块，足球若干。

游戏方法：如图 11-14 所示，将学生分成人数相等的几队，成纵队站立，听教师发令后，用脚的任何部位颠球，计算每个人 1min 内脚颠球的个数后，再算各队同学颠球总数，颠球个数多的队为胜。

游戏规则：1min 内，比较脚颠球的次数，失误可以继续进行，计累计次数。

图 11-14　脚颠球比赛

教学建议：在脚颠球练习中，可以让每一个学生自己设定目标，互相比赛，结束后统计大家脚颠球的次数。

二十六、对 墙 顶 球

游戏目的：提高学生前额正面头顶球的感觉和能力。体会头顶球的基本动作要领。

场地器材：足球场地 1 块，足球若干。

游戏方法：将学生分成人数相等的队，各队排头手拿一个足球，面对墙 3~5 m 站立。游戏开始，各队排头站在限制线后，用手向墙抛球，由第二人用头顶球，第三人再用头顶球，依次进行，连续顶球次数多的队为胜。

游戏规则：顶球时不得越过限制线，越线判为犯规。

教学建议：限制线距离足球墙的距离根据学生的技术水平决定，开始练习时，距离可以稍近一些，逐渐增加距离。

二十七、“网式足球”比赛

游戏目的：训练学生处理空中球的能力。

场地器材：足球场地 1 块，足球 5~10 个，羽毛球拍 3~5 副。

游戏方法：将学生分成 6 人一组，每块场地上先上两队，在各自的半场内按位置站立。一个队开球，用脚踢球的方法按照排球的规则进行比赛。游戏也可以在排球或羽毛场进行。比赛采用一局 10 分制，先得 10 分且超出对方 2 分的一个队为胜。失败队即被淘汰，然后场外另一个队上场，与胜队继续比赛，以此类推。

教学建议：开始练习时，场地可以考虑小一些，人数多一些，随着技术水平的提高，人数逐渐减少，场地逐渐加大，难度也会逐渐加大。

二十八、穿裆射门

游戏目的：锻炼学生脚下控制球的能力，培养学生踢球的准确性。

场地器材：足球场地 1 块，3 人一个足球。

游戏方法：学生两人面对面站成两列横队，间距 8~10 m，一人在中间站立，两面的两人进行游戏，中间的一人两腿分开，另外两人试图将球踢出，并使球穿其裆而过。中间的队员不得挡球。若球未能穿过胯下，传球失误的队员替换中间的队员。

游戏规则：两边踢球的队员不得把球踢高，避免伤害中间的队员。

教学建议：开始练习时，中间的队员要主动配合，两腿分的距离稍大一些，随着技术水平的提高，逐渐缩小。

二十九、脚踢低球

游戏目的：锻炼学生脚下控制球的能力。

场地器材：足球场地 1 块，标志旗 2 根，绳子 1 根，足球若干。

游戏方法：在场地上画一个 20m×5m 的长方形的游戏区，两根木桩立于边线两侧，绳子拉于木桩上。将学生分为两队，每队 10 人，分散立于各自的半场内，将球从绳下踢向对方场区，踢入对方后场 1 次得 1 分，在规定的时间内，得分多的队为胜。

游戏规则：

（1）双方可以在绳下来回踢球，但不准越过中线进入对方场区。

（2）球从绳上越过或碰绳均为失误，失误后由对方开球。

教学建议：绳子的高低，可以根据学生的水平来决定。开始练习时，绳子可以稍微高一些，随着技术水平的提高，绳子高度可以逐渐降低。另外，还可以设置踢球限制线。

三十、曲线运球比赛

游戏目的：提高学生的运球能力。

场地器材：足球场地 1 块，足球 2 个，标志桶若干。

游戏方法：如图 11-15 所示，将学生分成人数相等的两队，成纵队站立，排头脚持球，游戏开始，将球以 S 线绕过标志桶后继续向前运球至对面端线后将球以同样方法运回传给下一位队员，下一位队员以同样方法进行，先完成的队为胜。

游戏规则：在运球过程中发生失误，需将球从失误处捡回继续运球。

图 11-15　曲线运球比赛

教学建议：教师可以规定学生的运球动作。

三十一、"鸭子步"接力

游戏目的：发展学生的下肢力量、髋关节灵活性。

场地器材：田径场或者空旷场地 1 块，标志杆 2 根。

游戏方法：如图 11-16 所示，把学生分成两队并成纵队站立在起跑线后，游戏开始后，第一组各队排头迅速蹲下，模仿"鸭子"向前走，走到标志杆后以同样方法走回起点线与下一名队员击掌，下一名队员以同样方法进行接力。

图 11-16　"鸭子步"接力

游戏规则：

（1）不准抢走。

（2）不允许半蹲和站立行走，必须全蹲。

（3）以最后一人脚过终点线先后顺序判定名次。

教学建议：

（1）蹲走距离长短可根据学生的能力而定。

（2）游戏前要做准备活动。

（3）各组优胜队或同名次队可重新分组比赛。

三十二、两人三足接力

游戏目的：发展学生的多人合作能力与协调性。

场地器材：空旷场地或者田径场 1 块，绑腿绳 4 根，标志杆 2 根。

游戏方法：如图 11-17 所示，将学生分成人数相等的两队，每队中每两人组合为一组，两人将内侧的小腿捆绑在一起，两人内侧臂互相搭肩做好准备。游戏开始后，每队组合向标志杆方向快走，并绕过标志杆返回起点，下一组击掌后再接着走，直至最后一组人完成，先完成的队为胜。

图 11-17　两人三足接力

游戏规则：

（1）两人三足走时捆绑在一起的两腿不能松开，如松开后，应在原地重新绑好。

（2）不得抢走。

教学建议：

（1）两人三足走可以改成三人四足或者多人绑腿跑形式进行。

（2）走的距离长短应根据学生情况而定。

（3）两人走时的步调要一致，以避免摔倒。

三十三、推　小　车

游戏目的：发展学生的两臂支撑力量，培养坚强意志力。

场地器材：平坦场地 1 个。

游戏方法：如图 11-18 所示，将学生按前后两人一组分成若干组，前后两人一组，站在起点线后，前面人俯撑分腿于地上作为“小车”，后边的人站于俯撑者两腿间，两手握其踝关节并抬起，后者作为“推车人”做好准备。当听到开始口令后，俯撑人用两手交替向前迅速移动，和“推车人”相配合，尽快到达终点，以先到终点的组为胜，然后两人互换，再按此进行比赛。

游戏规则：

（1）推车人通过终点为完成游戏。

（2）中途翻倒或停止，应从原地重新开始。

教学建议：

（1）游戏的距离长短应根据学生情况而定。

（2）两人要相互配合，掌握好速度，协调行进。

（3）其可作为上肢力量练习手段。

图 11-18　推小车

三十四、蚂 蚁 运 粮

游戏目的：培养学生吃苦耐劳意志品质，烘托课堂气氛及培养团队精神。

场地器材：平坦场地 1 块，排球 2 个，标志杆 2 根。

游戏方法：如图 11-19 所示，将学生分成人数相等的两队，成纵队站在起点线后，终点放置标志杆 1 根。

图 11-19 蚂蚁运粮

在起点线后成屈体屈腿仰撑姿势，头朝前进方向，腹部放一个排球。游戏开始后，各队排头迅速移动手脚行进，绕过标志杆后回到本队起点，将球交与第二人，第二人依此法再做直至全队完成为止，先完成且扣分少的队为胜。

游戏规则：行进途中排球滚下，原地捡起再行进，并扣一分。

教学建议：排球可以改用其他圆形球代替。

三十五、踩石过河

游戏目的：增加课堂趣味性和培养团队精神。

场地器材：空旷场地 1 块，纸板 2 块。

游戏方法：如图 11-20 所示，将学生分成人数相等的两队，每队又分成人数相等的甲、乙两组，面对面成纵队分别站在起点线后。游戏开始后，各队甲组排头手拿两块纸板作为活动的“垫脚石”，依次向前挪动纸板并踩在脚下，迅速渡过这条河，将纸板交给乙组的排头，乙组排头用同样的方法渡过这条河，直至全部完成为止，先完成的队为胜。

游戏规则：游戏进行中，脚必须完全踩在纸板上，如果踩在地上，要再补做 1 次。

教学建议：

（1）方纸板可以改作其他物品，如薄木板等。

（2）可适当加长过河的距离，也可往返游戏。

图 11-20 踩石过河

三十六、喊数抱团

游戏目的：发展学生的反应能力。

场地器材：平坦场地 1 个。

游戏方法：如图 11-21 所示，学生沿圆圈跑步，教师突然喊出一个数字，如“3”“6”“9”。学生听到数字后，立即与邻近的同伴按教师所喊出的数字抱成一团。最后没有抱成团的同学表演节目。

游戏规则：

（1）不能用推、拉等动作挤出已抱团的人。

（2）只能相邻的学生结组抱团。

教学建议：

（1）教师喊数时尽量要突然，一个数字可以重复喊出并用手势比出数字。

（2）可以用加、减等方法，按运算结果抱团。

图 11-21　喊数抱团

三十七、贴　膏　药

游戏目的：提高学生的奔跑能力及灵敏性。

场地器材：田径场地 1 块或空旷场地 1 块。

游戏方法：如图 11-22 所示，学生围成一个大圆，向圆心站立。从参加者中选出两人作为追逐者与逃跑者。追逐过程中，追者如果用手拍到逃跑者，则 2 人互换角色，但如果逃跑者贴住任意一名同学，则该同学成为新的逃跑者。

游戏规则：

(1) 逃跑者不得跑出规定的圆圈附近以外范围。

(2) 逃跑者贴人时只能沿跑进方向贴人，不能往回贴。

教学建议：

(1) 如人数较多，可选两组追逐者与逃跑者。也可以围成两个圈。

(2) 游戏者也可以采用双层前后站立的方法，逃跑者一定要贴在靠近圈内的同学前面，外圈同学为逃跑者。

图 11-22　贴膏药

三十八、胸贴报纸接力

游戏目的：提高学生的奔跑能力。

场地器材：田径场或空旷场地 1 块，四开报纸若干。

游戏方法：如图 11-23 所示，将学生分成人数相等的两队，成纵队站在起跑线后，排头学生手拿一张报纸。游戏开始后，各队排头将报纸放在胸前，放开手迅速向前跑进，借住迎面气流的力量压住报纸不掉，绕过标志杆跑回本队，将报纸交给第二人再做，直至全队做完为止，先完成的队为胜。

游戏规则：

(1) 跑进中不准手扶报纸或者手臂夹住报纸。

(2) 将报纸在胸前放好再跑，不能边跑边放报纸。

教学建议：

(1) 报纸易坏，可以多准备几张，或者用薄塑料袋代替也可以。

(2) 根据学生完成的情况，可加大胸顶物品的难度。

图 11-23　胸贴报纸接力

三十九、丢　手　绢

游戏目的：提高学生的反应能力和奔跑能力。

游戏器材：空旷场地 1 块，手绢 1 块。

游戏方法：如图 11-24 所示，学生围成一个圈，选出一名同学出来当“丢手绢人”，游戏开始后，丢手绢人在圈外沿着逆时针方向行进，可将手绢任意丢在坐着的同学的背后，然后继续行进，当跑到此人位置时轻拍其后背，被拍者代替“丢手绢人”。如果被拍者发现背后的手绢，应捡起手绢追赶“丢手绢人”，若中途追上，两人角色不变，若跑一圈还没追上，两人互换角色，游戏继续。

图 11-24　丢手绢

游戏规则：

(1) 相邻同学不能提示，否则暗示人做“丢手绢人”。

(2) 追赶者轻拍对方后背即可。

游戏建议：可用其他物品代替手绢。

四十、背人接力

游戏目的：培养团队精神和发展力量素质。

场地器材：田径场地 1 块，标志杆 2 根。

游戏方法：如图 11-25 所示，将学生分成人数相等的两队，各队两人一组自由组合，成纵队站在起跑线后。游戏开始，各队排头背同伴跑向终点线并绕过标志杆，然后两人互换身份回到本队起点，后面各组依此方法进行，先完成的队为胜。

图 11-25　背人接力

游戏规则：

(1) 被背着的同伴脚不能落地。

(2) 换角色时必须背好才能往回跑。

教学建议：

(1) 比赛距离可以根据学生的情况调整。

(2) 见习生担任裁判。

四十一、头顶书本接力

游戏目的：发展学生奔跑能力和平衡能力。

场地器材：田径场地 1 块，书本 2 本，标志杆 2 根。

游戏方法：如图 11-26 所示，将学生分成人数相等的两队，成纵队站立于起跑线后，各队排头手拿一本书。游戏开始，各队排头将书本平放在头顶并迅速向前跑，跑到对面后绕过标志杆跑回本队并将书本交给下一位同学，下一位同学依照同样方法进行，直到全队做完，先完成的队为胜。

图 11-26　头顶书本接力

游戏规则：如果跑动中书本落下，需在原地捡起书本放在头顶再继续。

教学建议：可以将书本换成沙包或者其他器械。

四十二、毛毛虫前进

游戏目的：发展学生的力量素质，培养学生协同合作的精神。

场地器材：空旷场地 1 块或田径场地 1 块，1 条起点线，1 条终点线。

游戏方法：如图 11-27 所示，学生几人一组，成一路纵队坐在起点线后，并依次前者坐在后者脚面上，最后一名坐在地上；后者依次将双手扶在前者肩上。游戏开始，第一人向前躬身呈蹲立，第二人向前移双脚至第一人臀下，第一人坐下后，第二人向前躬身呈蹲立，第三人向前移双脚至第二人臀下，以此类推，像毛毛虫向前爬行。以第一个全体通过终点线的小组为胜。

游戏规则：前面的队员必须坐在后面队员的脚背上。

图 11-27　毛毛虫前进

教学建议：

(1) 可让每组学生选一名队长指挥前进。

(2) 比赛前应让学生进行全组练习，完成不好的组，可先练习 2 人、3 人的配合，熟练后再 5 人配合；全部会做后，再进行游戏比赛。

四十三、向后绕步走

游戏目的：发展学生的柔韧素质和协调性。

场地器材：平坦场地 1 块。

游戏方法：将学生分成人数相等的两组做“向后绕步走”的往返或迎面接力。“向后绕步走”与普通向前走的姿势一样，所不同的是向前迈步时，必须先从另一腿的后面绕过再迈出。

游戏规则：行走时身体不能过分扭转，身体要保持面向正前方。

教学建议：教师应先带领学生练会该动作，特别要强调膝关节的充分伸展。

四十四、谁能背起谁

游戏目的：发展学生的力量和灵敏素质。

场地器材：空旷场地 1 块或塑胶场地 1 块。

游戏方法：如图 11-28 所示，学生每两人一组，背对背站立，两臂互相挽起。游戏开始，两人各自用力使身体前屈，努力将对方背起，使其双脚离地即为获胜。

游戏规则：

(1) 不得故意松开双臂。

(2) 必须听教师口令后，两人同时用力。

教学建议：

(1) 做好相应的准备活动后再做游戏。

(2) 可采用分组比赛或擂台赛的形式进行游戏。

图 11-28　谁能背起谁

四十五、“高”人和“矮”人

游戏目的：提高学生的反应速度和集中注意力的能力。

场地器材：平坦空地 1 块。

游戏方法：如图 11-29 所示，学生成一列或多列横队站立，1、2 报数后，听教师口令统一行动。当教师喊“高”时，单数学生迅速半蹲作“矮”状，双数学生原地直立不动；当教师喊“矮”时，单数学生保持原地直立，双数学生迅速半蹲作“矮”状。

图 11-29　“高”人和“矮”人

游戏规则：学生听口令后应迅速做出动作反应，并保持至教师取消口令。

教学建议：

(1) 可采用圆圈队形进行游戏。

(2) 可从排头开始由学生交替边喊“高”“矮”口令边做相反动作。

(3) 可增加高和矮的动作变化，如“高”做两臂上举同时提踵，“矮”做半蹲两臂侧下举等。

四十六、双人蹲跳接力

游戏目的：发展学生跳跃能力，提高灵敏素质和协调能力。

场地器材：平坦空地 1 块。

游戏方法：如图 11-30 所示，将学生分成人数相等的两队，成纵队站立于起跑线后，每队两两自由组合。每队第一组队员背对背，手挽手蹲在起跑线后。游戏开始后，两人同时蹲跳，绕过标志杆后以同样方法回到起点与下一组同学击掌，依此进行，先完成的队为胜。

图 11-30　双人蹲跳接力

游戏规则：接力过程中，两人手臂不能松开。

教学建议：比赛前做好准备活动。

四十七、听数转体

游戏目的：将集中注意力练习和原地转法练习相结合，提高学生的练习兴趣。

场地器材：平坦空地 1 块。

游戏方法：学生分成两列或多列横队站立，1、2 报数，当教师喊“1”时，数 1 的学生向左转，数 2 的学生向右转；当教师喊“2”时，数 1 的学生向右转，数 2 的学生向左转；喊“3”时数 1 的学生向后转，数 2 的学生原地不动；喊“4”时与“3”动作相反。

游戏规则：教师发出口令后，学生应迅速完成动作，做错同学一起受“惩罚”。

教学建议：

（1）该游戏可在一节课的开始部分作为集中注意力练习，也可在原地及行进间转法教学及练习时进行，以避免学生产生枯燥的感觉。

（2）教师可以用击掌代替口令。

（3）可用徒手操动作代替转法练习。

四十八、循环报数淘汰赛

游戏目的：使学生集中注意力，训练学生大脑的灵活性和快速反应能力。

场地器材：平坦空地 1 块。

游戏方法：学生站成圆圈队形，教师指定任意一名学生开始按逆时针方向报数，报数可按报单数、报双数、报三的倍数等形式，依次不停顿地报下去；中途报错的同学即自动出局并站在原位。最后剩下的 5 名学生为优胜者，其余同学罚做俯卧撑或者下蹲 10 次。

游戏规则：

（1）报数过程中停顿的学生同样淘汰出局。

（2）报数过程中如出现两人同时报数，判抢报者出局。

教学建议：该游戏适合在利用圆圈队形进行教学或课堂练习时，做集中注意力练习和提高学生的练习兴趣；而不必特意站成圆圈队形做这种游戏。

四十九、看谁记得准

游戏目的：使学生集中注意力，培养学生队列动作的节奏感，提高动作的记忆能力。

场地器材：平坦空地 1 块。

游戏方法：排好队伍后，教师连续说 2~3 遍队列组合术语，如“向前一步走，向右转，再向左转”。每两拍做一个动作，共六拍完成。当发出“开始”口令后，全体同学必须按统一的动作节奏正确完成上述动作，做错的同学给予相应的“惩罚”。

游戏规则：动作慢半拍的学生视为做错。

教学建议：

（1）宣布组合队列时，口令要清楚，声音要洪亮，使每个学生都要听清楚。

（2）可根据学生的接受能力加难度或减难度。

五十、老鼠钻囤

游戏目的：发展学生的灵敏素质，提高奔跑能力和快速反应能力。

场地器材：空旷平坦场地 1 块。

游戏方法：如图 11-31 所示，选出一人当老鼠，一人当猫。其余游戏者站在圆圈上手拉手围成粮囤，游戏开始，老鼠在圈外奔跑，躲避猫的追拍，并伺机钻进囤来，猫在圈内护囤，防止老鼠进入，也可追出粮囤追拍老鼠，老鼠钻进粮囤，可以站在囤上任一学生身前顶替其位置，被顶替者就变成老鼠，如果猫抓住了老鼠，两人交换角色，游戏继续进行。

图 11-31　老鼠钻囤

游戏规则:

(1) 老鼠不能逃离太远,否则算被抓到。

(2) 猫不得用力推拉老鼠。

教学建议:游戏中要注意安全,避免受伤。

五十一、马步推掌较力

游戏目的:发展学生上下肢力量,提高马步规格,培养团队协作精神。

场地器材:松软平整场地 1 块。

游戏方法:如图 11-32 所示,将学生分成人数相等的两队,两队间隔 1.5m 的距离成一路纵队相对站立;各队的排头马步下蹲,两手臂前伸挺直,手掌立起并相对贴紧;各队队员依次以马步站在排头的后面,两臂伸直、两手掌立起放置于前面队员的两肩处,并做好准备。教师发令后,双方队员同时肩部前顶,通过手臂将力传递到前方队员,以将对方队形推散或推动;游戏采取 5 局 3 胜,先赢 3 局为胜方。

图 11-32　马步推掌较力

游戏规则:蹲马步时要求挺胸、立腰、前腿弓、后腿绷。

教学建议:见习生担任裁判。

五十二、马步桩比稳

游戏目的:提高学生下肢力量和马步规格,培养坚韧、顽强的意志品质。

场地器材:松软平整场地 1 块。

游戏方法:如图 11-33 所示,将学生分成人数相等的几队,蹲马步比赛,时间为 3min,3min 内蹲得又稳又标准的为胜。

游戏规则:

(1) 马步必须标准,大小腿之间角度控制在 90°左右,重心在臀部,否则为犯规并结束游戏。

(2) 上体下俯或马步不停移动及出现起伏也为犯规,犯规者结束游戏。

(3) 教师作为裁判进行判罚,并宣布游戏结果。

教学建议:教师要注意观察学生动作是否标准。

图 11-33　马步桩比稳

五十三、三人摸拍肩

游戏目的:发展学生的灵活性、反应速度,提高自我保护意识和攻防技能。

场地器材:松软平整场地 1 块。

游戏方法:如图 11-34 所示,根据学生人数,三人一组自由组合,两手臂微平举、下肢半蹲状站立。教师发令后,3 人同时围绕圆圈进行步伐移动,并寻机会摸拍对方的肩部;摸拍到一次,得 1 分;在规定的时间内,得分多的一方为胜。

图 11-34　三人摸拍肩

游戏规则:

(1) 脚可以踩圆圈的线,但不能进入圆圈内。

(2) 不能摸拍对方的头部,否则为犯规,扣 1 分。

(3) 游戏中,见习生担任裁判。

教学建议:人少时此游戏可以安排两轮次或多轮次游戏,每一轮次每一组胜出者进入下一轮次,直至产生冠军。

五十四、踩　脚　尖

游戏目的:发展、提高学生身体的灵活性、反应速度,培养机智勇敢的精神。

场地器材:松软平整场地 1 块。

游戏方法:如图 11-35 所示,学生两人一组,相距一步成格斗姿势相对站立。教师发令后，两人在移动的步法中，互相以脚尖踩踏对方的脚尖，在对方进攻的时候可以采用躲闪的方法防守，踩踏到一次记 1 分。游戏时间 2～3 min，在规定的时间内，得分多者为胜。

图 11-35　踩脚尖

游戏规则：

（1）双方都不能用手抓住对方以控制对方的移动。

（2）踩踏时仅以脚尖轻踩对方脚尖，避免以脚跟用力踩踏对方脚部，否则扣除 1 分。

（3）游戏中学生两人兼任裁判，自己记数。

教学建议：

（1）教师在游戏前要讲清规则，强调安全。

（2）若场地小，人数不多时，也可采取一对一的淘汰赛。

五十五、冲拳不报数

游戏目的：发展、提高学生的反应能力和应变能力。

场地器材：平整场地 1 块。

游戏方法：在场地中画一个直径为 8m 的圆圈，教师作为裁判站立于圆心，学生相隔一臂距离成格斗姿势面向教师站立于圆圈的线上；游戏开始，学生依次进行“1、2、3”的循环报数，报“3”数的学生口中不能发声，只能以连续的 3 个冲拳动作进行替代；如果做错，则罚做收腹跳 3 个。

游戏规则：

（1）只要口中报出了数字“3”，即算失败。

（2）连续做了 3 个冲拳动作，同时口中也报出了数字“3”，也算失败。

（3）教师作为裁判进行判罚。

教学建议：在具体的教学过程中，教师可根据人数的变化来改变数字大小，以增强游戏的趣味性及难度。

五十六、顺手牵“羊”

游戏目的：发展学生身体平衡能力及自卫能力，培养沉着冷静、顽强拼搏的心理素质。

场地器材：平整场地 1 块，篮球场 2 块。

游戏方法：选出几名同学来作为“羊圈”；将学生分成人数相等的甲、乙两队，甲队学生进入“羊圈”，乙队学生站在圈外并与甲队学生一一相对。教师发出口令后，乙队学生在圈外四周巡视，寻机会去拉甲队学生的手或衣服，顺势将“羊”向外牵拉；圈内的“羊”抗争进行自卫；在规定时间内，乙队学生力争将羊牵出。两队交换角色，以牵“羊”多的队为胜。

游戏规则：

（1）牵“羊”者不能进“羊圈”，也不能踩线。

（2）牵“羊”者可在“羊圈”四周任一位置将“羊”牵出。

（3）“羊”可进行反抗，一脚出圈或踩线不算牵出。

教学建议：此游戏也可采取三局两胜制或五局三胜制来进行。

五十七、弓步掰手腕

游戏目的：发展学生身体的力量、平衡能力及用力技巧，培养积极向上、勇争第一的精神。

场地器材：平整场地 1 块。

游戏方法：如图 11-36 所示，将学生分成人数相等的两队，面对面站成 2 列横队，游戏开始，面向的 2 人右脚在前、左脚在后成弓步站立，2 人的右脚内侧靠在一起，右手互握。教师发令后，2 人互用推、拉、带、拧等动作，迫使对方失去平衡或脚步移动；在规定的时间内，获胜次数多的一方为胜。

图 11-36　弓步掰手腕

游戏规则：

（1）脚步滑动、跳动、手撑地以及摔倒都算失败。

（2）只许相握的右手及身体用力，左手只能用于平衡,不许帮忙。

(3) 游戏中,学生自己作为裁判,根据游戏结果判定胜负。

教学建议:

(1) 根据教学需要,也可以进行左手的相同游戏。

(2) 如学生人数少,也可分成两队一对一地进行游戏,采用记积分的方法。

五十八、一个比画一个猜

游戏目的:通过游戏让学生了解体育项目,激发学生学习的积极性。

游戏方法:将学生按照座位分成四组,每组推选2名学生出来,教师准备20个体育项目,一个同学比画,另一同学猜,5min内猜中个数多的队为胜。

游戏规则:比画的同学只能采用肢体语言来表述,不能用语言提示。猜不出的体育项目可以喊过,观众不能提醒。

教学建议:游戏时让体育委员计时。

五十九、以物换物

游戏目的:提高学生的奔跑能力。

场地器材:各队一行排头和排尾的桌面上分别放置一件不同的小物件,在讲台前画一条终点线。

游戏方法:全班分成人数相等的若干队站在讲台。老师发口令后,各队排头立即拿起排头桌面上的小沙包,从座位左侧纵向走道跑向排尾,交换排尾桌面上的小物件,持小物件围绕本行座位跑一周后,再在排尾交换小物件,持小沙包跑向排头,把小沙包放置在排头桌面上,围绕座位跑两周,然后跑回终点线。先到达终点的同学取胜,得1分。排头做完后,各队换第二人做,依此方法,直至各队做完。得分多的一队获胜。

游戏规则:

(1) 游戏前必须站在起跑线后,不得踏线。

(2) 老师发令后才能开始跑。

(3) 在排尾桌面上交换物件时应把物件放稳,如物件失落,必须重新拾起放好。

教学建议:

(1) 游戏时不得高声喧哗。

(2) 不要冲撞座位,注意人身安全。

六十、趣味五子棋

游戏目的:培养学生的逻辑思维能力。

场地器材:围棋若干。

游戏方法:学生两两一组,用围棋棋盘进行五子棋比赛,比赛时一定要将棋子下在垂直交叉的点上。黑棋先下,白棋后下。轮流下一子,谁先将五个子相连谁就赢了,可以采用横竖斜三种连法。

游戏规则:学生下五子棋时,不能悔棋,采用三战两胜的赛制进行比赛,先赢两局的同学为胜。

教学建议:可以将学生进行分组比赛。

六十一、跳棋比赛

游戏目的:培养学生的逻辑思维能力。

场地器材:跳棋若干。

游戏方法:学生6人一组,棋子的移动可以一步步在有直线连接的相邻6个方向进行,如果相邻位置上有任何方的一个棋子,该位置直线方向下一个位置是空的,则可以直接“跳”到该空位上,“跳”的过程中,只要相同条件满足就可以连续进行。谁最先把正对面的阵地全部占领,谁就取得胜利。

游戏规则:

(1) 隔一个棋子可以连续跳。

(2) 棋子可6个方向走动,每步只能达到相邻的空位上。

教学建议:可以分组练习。

六十二、看谁“跑”得快

游戏目的:提高学生预判和应变能力。

游戏方法:学生前后两人一组,对桌而坐,每人将一块同样大小的橡皮放在桌面自己一边的边沿上。游戏开始,两人利用“剪刀、石头、布”,确定先行者,胜者将橡皮向前翻转一次,然后,依次进行。以先将橡皮翻至对面桌沿者为胜。

游戏规则:

(1) 每胜一次,只能将橡皮向前翻转一次,不得多走。

(2) 游戏中不得故意晃动桌面,使对方的橡皮移动,否则为失败。

教学建议:此游戏还可以改成“看谁写得快”,如规定写“锻炼身体”,猜拳胜者先写“锻”字的第一笔,然后继续猜拳,胜者写一笔,看谁先写完。要求每次只能写一笔,不得多写。

参 考 文 献

郝光安,2013.大学体育学.北京:北京体育大学出版社

黄文杰,刘畅,赵丽琼,2017. 健美操. 成都:电子科技大学出版社

孙克成,徐国娟,2014.新编大学体育与健康教程.北京:航空工业出版社

孙民治,2013.现代篮球高级教程.北京:人民体育出版社

孙麒麟,2010.体育与健康教程.长春:吉林大学出版社

谭文辉,2014.大学公共体育教程.北京:现代教育出版社

吴景全,2013.大学体育与健康.北京:中国农业出版社

徐世政,张学生,2010.大学生体育与健康.北京:教育科学出版社

于振峰,赵宗跃,孟刚,2007. 体育游戏 2 版. 北京:高等教育出版社

张金生,董莉,2012. 医学生体育教程. 北京:科学出版社

赵晨子,2017. 高校健美操训练的理论与实践. 北京:北京理工大学出版社

赵云宏,肖林鹏,张秀华,2002. 高校公体教程新编. 北京:北京体育大学出版社